JN081702

人に好かれる
信頼される会話術

「聞くだけ」でうまくいく

質問家
マツダミヒロ
Matsuda Mihiro

ONE PUBLISHING

はじめに

話さなくても、会話上手になれる

「コミュニケーション能力」や「プレゼン力」、「話す力」などが、仕事はもちろん、プライベートでも求められる今の時代は、コミュニケーションが苦手な人にとっては生きづらくなりました。

でも、コミュニケーションが得意であることが個性であるように、コミュニケーションが苦手であることも、ひとつの個性と言えるのではないでしょうか？

コミュニケーションが苦手な人は、じっくり考えることや、言葉にならないメッセージを読み取ることが得意です。ならば、その強みを活かしたコミュニケーションの方法があるのではないでしょうか。

コミュニケーションが得意ではない人間のひとりとして、そう思います。

この本は、コミュニケーションが苦手な人に向けて、その個性を強みにするコミュニケーション術を解説した本です。

その方法とは、「聞く」こと。コミュニケーションは、相手の話を聞くだけでうまくいくのです。

話すことが苦手ならば、聞けばいい。それがぼくの考えです。

実は、「聞く」ことは、今の世の中ではおざなりにされていることでもあります。話すことや、能動的なコミュニケーションばかりが重視されているからです。スピードや効率化、計画性などが重んじられる今の社会は、たしかに素晴らしいものです。

でも、そんな毎日にちょっと疲れたりしていないでしょうか。仕事はともかく、オフの日くらいはのんびりと、計画も立てずに過ごしたくなりませんか？

静かに相手の話を聞くコミュニケーションのスタイルを身に付けると、今の社会が見落としがちな、ゆっくりと静かに過ごすことや、見えないものの価値にも目を向けられるようになります。それは人生を豊かにすることにつながるでしょう。

じっくりと相手の話に耳を傾けることは、相手とのつながりを強める一番良い方法です。あわただしい今の世の中にあって、時間をかけて相手の話を聞くことには特別な価値があるのです。

マツダミヒロ

目次

Part 3

レベル1

共感を態度で示す

――笑顔でうなずく

Part 1

内向きの性格は生きづらい

コミュニケーションが苦手だと生きづらい

今は、コミュニケーション力が問われる時代です。

書店に行くと、「話し方」や「プレゼン力」の本が山積みになっています。ビジネスシーンでは、積極的な姿勢やハキハキとした喋り方、説得力のある喋り方が必要だと、しばしば言われます。

たしかに、そうなのかもしれません。ぼくも22歳からずっとビジネスをしている人間なので、よくわかります。

でも、そういう世の中に違和感を覚える人もいるのではないでしょうか？

人と話すのが苦手、コミュニケーションに自信がない……そんな人たちです。

そういう人たちにとっては、コミュニケーション力や積極性、スピードばかりが求められる今の世の中は、ちょっと生きづらいかもしれません。

でも大丈夫。生きづらいのはあなただけではありません。世の中には、あなたのような人もたくさんいるのです。

たとえば、ぼくがそうです。

まとめ

現代社会では、コミュニケーション能力が重視されています。コミュニケーションが苦手な人たちにとっては生きづらい時代です。

なにを話したらいいのか、わからない

ぼくは、子どものころから内向きな性格でした。人と喋ったり、積極的にコミュニケーションを取るのはあまり得意ではなかったのです。

でも、それで特に苦労した記憶はありません。山形県で生まれ育ったぼくは、高校までは地元の学校に通っていましたから、周囲の生徒たちもみな地元の子どもた

ち。共通の話題に困ることはありませんでした。

ところが、大学に進むと事情が変わりました。

まず、雑談ができないのです。高校までのようにはいきませんでした。

ぼくは、山形県にある東北芸術工科大学に1期生として入ったのですが、そこには全国から学生が集まっていたからです。

ぼくは大学生活の中で、育った環境が違うと、コミュニケーションのハードルが高くなることを知りました。

ぼくはこの人たちと、何を話したらいいいんだろうか？　どう喋ればいいいんだろう？

そんなことを思い、モジモジしてばかりいる大学生活でした。

ところが、周囲の人たちは違うのです。

初対面であっても、積極的に話しかけ、友達になってしまう。ぼくは、**どうやら、世の中には能動的でコミュニケーション力が高い人たちがたくさんいるらしい、**ということを知りました。

そんな人たちとぼくは何が違うのだろうか？　と悩むうちに、大学の4年間が過ぎていきました。

積極的なコミュニケーションが取れる周囲の学生たちを羨ましく感じたものの、だからといって、そのときは、何か対策があるわけでもありませんでした。ぼくの大学生活は、「自分はコミュニケーションが得意じゃないんだ」という事実に気付く時間でした。

そして、その自覚があったからこそ、のちに、コミュニケーションが苦手でもビジネスをやれる方法を見つけられたのです。

まとめ

「コミュニケーション力が必要」と言われるビジネスシーンに違和感を覚える人もいます。その違和感に気付くことで、コミュニケーションが苦手だからこそできる秘訣が見つかります。

ぼくは雑談ができない

コミュニケーション力の不足に悩んだ大学生活でしたが、卒業すると、悩むことはなくなりました。

いえ、悩む暇がなくなったというべきでしょうか。卒業と同時に起業したぼくは、猛烈に忙しくなっていたのです。

起業といっても、社員はぼくを含めて2人だけの小さな会社です。

ビジネスの内容は、ウェブサイト構築とTVコマーシャル作り。営業から制作までを2人でやるわけですから、当然、コミュニケーション力は必要でした。営業も、交渉ごとも得意でないぼくにとっては、かなり負担が大きかったはず。

ですが、不思議とコミュニケーションで苦しんだ記憶はありません。

ひとつは、単純に、ライバルがいなかったからです。ぼくたちが扱っていた商材は当時としては目新しく、激しい競争はありませんでした。

コミュニケーション力を活用しなくても、仕事に困ることはなかったのです。

もうひとつの理由は、当時のぼくが、そもそも「コミュニケーション能力」というものの存在を、認識していなかったからかもしれません。

そのころの社内コミュニケーションについて思い出してみると、業務上必要な連絡や指示をしてはいましたが、それ以外のコミュニケーションを取っていた記憶がありません。

雑談はしていませんでしたし、プライベートなど仕事以外の話をじっくりと聞いたこともなかったと思います。

だから、今になって振り返ってみると、ぼくは社内でのしっかりとした人間関係を作れていませんでした。

雑談は、人間関係を築くことに役立ってくれます。

後で書くように、社内でいい関係を作れなかったことは、のちに自分へ返ってくるのですが、当時のぼくはその意味をよくわかっていませんでした。

営業やプレゼンで社外に行くことはありましたが、相手の要求は基本的に呑み、断られたらそのまま帰ってくるというふうに、まるで機械のように動いていました。クライアントと仕事以外のコミュニケーションを取るという発想がなかったからです。もちろん雑談もしません。

当然、ある程度以上クライアントと親しくなることはありませんでした。だから、雑談やアイスブレイクができないことで生じる不利を多少感じていたものの、そもそも自分にはそういうことはできないと諦めていました。

小学生のころ、クラスにひとりは、練習をしているわけでもないのに、ものすごく脚が速い生徒がいませんでしたか？　ぼくはそういう子に憧れることはあっても、自分がそうなれるとは思えませんでした。

あの感覚に似ています。**「ぼくは、生まれつき話すことが苦手なんだ。上手にはなれないんだ」と思い込んでいたのです。**

まとめ

ビジネスの場面であっても、雑談は、いい人間関係を作るために役立つコミュニケーション手段です。

コミュニケーションには2種類ある

このようになんとか続けてきた会社ですが、ぼくが30歳になる少し前、立ち行かなくなってしまいます。

ぼくに経営感覚が足りなかったこともありますが、社内外での人間関係が良くなくなってしまったことも理由でした。なにより、ぼく自身が疲れ果ててしまったことが原因です。

その後わかるのですが、社内外での人間関係の悪化は、ぼくが無理なコミュニケーションを取ってしまっていたからです。

いい人間関係が築けなかったのは、先ほど書いたように、ぼくが雑談などのコミュニケーションをしていなかったから。仕事の話しかしない相手と、いい関係を作るのは難しいですよね。

もっと致命的だったのは、ぼくが自分に合ったコミュニケーション方法を選べていなかったことです。

世の中には、大きく分けて2種類のコミュニケーションがあります。**能動的で積**

極的なコミュニケーションと、静かで受動的なコミュニケーションです。

どちらが正解というものではありません。それぞれに良いところがあります。どちらを選ぶべきかは、その人の性格によって決まります。というのも、コミュニケーション方法が2種類あるように、人の性格も2種類に分けられるからです。積極的で外向的な人もいれば、ぼくのように、静かで内向きな人もいるでしょう。もちろん、それぞれにいいところがあります。優劣はありません。

外向的な人には、能動的で積極的なコミュニケーションが向いています。でも、物静かで内向きな人には、受動的なコミュニケーションの方が向いているでしょう。人によって得意なことと不得意なこと、向き・不向きがあるというだけの話です。長距離走が得意な人は長距離走をすればいいですし、短距離走が得意な人は、短距離走をすればいい。

自分に合うコミュニケーション手段を選べばいいのです。

まとめ

人の性格が大きく2種類に分かれるように、コミュニケーション手段も能動的で積極的なコミュニケーションと、静かで受動的なコミュニケーションに分けられます。

「能動型が正解」の世の中

ところが、ひとつ、重大な問題があります。

今の世の中では、能動的で積極的な振る舞いが正解とされがちです。

特にビジネスシーン。前のめりに、積極的にコミュニケーションを取ることが求められています。

このパートの冒頭に書いたように、話し方やプレゼン力の大切さを説く本がたくさん出ているのはその表れです。

どの本も、「コミュニケーションでは積極的であるべきだ」ということを前提に

しています。

個人の性格についても、外向的で積極的な方が、内向きなタイプよりも評価されるようになってしまいました。

つまり、今の社会全体が、人々が外向的で積極的なコミュニケーションを取ることを前提にデザインされているのです。

しかし、先ほど書いたように、誰もが外向的なわけではありません。ぼくのように、内向的な人もたくさんいます。

むしろ日本では、内向的で大人しい人の方が多いのではないでしょうか？　実際、5000人以上を対象にしたある調査では、60％以上の人が、自分のことを「内向的で大人しい」と考えていると答えています。

参考　https://lab.testee.co/extrovert-introvert#i

日本では、内向型の方が多数派、マジョリティなのです。

特に、この本の読者のみなさんは、ほとんどが内向型なのではないでしょうか？

なぜなら、この本を手に取ってくれたということは、コミュニケーションに不安を感じているに違いないからです。

それにもかかわらず、社会は外向型の性格であることを前提にしています。すると、内向型の人々は社会とのズレに苦しむことになります。

あるいは、40％弱の外向的な人々も、ときには静かに自分を見つめ、内向的に過ごしたい日もあるでしょう。でも、社会に「外向的であるべき」という価値観があるせいで、気を休められないかもしれません。


話を戻すと、ぼくが最初の起業でうまくやれなかったのは、自分自身が内向型であるにも関わらず、外向型のコミュニケーションを真似てしまっていたことが原因でした。外向型の振る舞いが唯一の「正解」だと思い込んでいたからです。

でも、もともと内向型に生まれた人間が、外向的に振る舞うことには無理があります。だから、心身が疲れ果ててしまったのでしょう。

長距離走が得意なタイプに、無理やり短距離ダッシュの練習をさせるようなものです。どこかで無理が生じるに決まっています。

まとめ

今の社会では外向的なタイプだけが「正解」だと思われがちですが、実は、内向的なタイプの人の方が多いのです。

「内向的なコミュニケーション」だって存在する

こう書いても「社会で求められるのは外向的で積極的なコミュニケーションでは？」と思う人もいるでしょう。

いいえ、そんなことはありません。それは思い込みです。

いい例があります。もっとも外向的なコミュニケーションが求められそうな営業の世界の話です。

生命保険や住宅といった高額な商品を売るセールスの方々と付き合いがありますが、**トップセールスの人たちに共通しているのが、物静かなことです。**あまり喋らないのです。

本当？　と思われる人も多いかもしれません。

たしかに、セールスというと、ビシッとしたスーツを着て、流暢に喋る外向的なキャラクターを想像しがちですよね。

しかし、ぼくが見た限りでは、そういうセールスマンはトップセールスではなく、その次くらいの成績の人たちでした。**本当のトップ層は静かなのです。**

では、静かなトップセールスたちがどのようにして商品を売るのかというと、

「話を聞く」ことで売るのです。喋るのではありません。

ぼくが付き合っている保険のトップセールスもそういう人です。本当に物静かで、ぼくの話をよく聞いてくれます。

そんな人に話を聞いてもらっているうちに、信頼関係が生まれ、つい「彼からなら買ってもいいいな」という気持ちになってしまいます。

能動的ではなく、受動的。

話をするのではなく、話を聞く。

そういうトップセールスのスタイルもあるのです。

ところが、多くの人はそういう事実を知りません。**「コミュニケーション＝外向的で前のめりなスタイル」と思い込んでいるからです。**

それは違います。外向的なコミュニケーションがあるように、内向的なコミュニケーションだってありえるのです。

内向的だから、あるいは喋るのが苦手だからといっても、コミュニケーションを諦める必要はまったくありません。

まとめ
トップセールスは、意外と内向的で物静かです。内向的なコミュニケーションが威力を発揮する場面もあるのです。

内向型の人々が得意なコミュニケーションとは

たしかに、人前で積極的に喋るようなコミュニケーションについては、外向型の人たちのほうが内向型の人たちよりも得意でしょう。

ですが、逆に、内向型で内気な人たちの方が得意とするコミュニケーションもあります。

たとえば、相手のしぐさや表情から気持ちを読み取ることです。深い思考にふけることが多い**内向型の人たちは、表面的な言葉の裏にある情報に気付く能力が高いはず**です。

また、**自分自身と対話し、自分の考えをよりはっきりさせる能力も高い**でしょう。ぼくは、これも一種のコミュニケーションだと思っています。「自分とのコミュニケーション」です。

この本で解説するように、非言語情報を読み取る力も、自問自答する力も、他人とコミュニケーションを取る上での強みになり得ます。

一方で、うまく使わないと弱点にもなります。たとえば、非言語情報を間違って解釈してしまうと、「この人は自分のことを好きではないのかも」などとネガティブな思い込みに陥ることがあるかもしれません。

自分自身の強みをよく知り、ベストな形で使うことが大切です。

まとめ
内向型の人のほうが得意とするコミュニケーションのスタイルもあります。

パフォーマンス追求型の世の中に疲れたら

今の世の中が外向型の性格を「正解」にしてしまっている影響は、ビジネスシーンだけではなく、プライベートにも表れています。

少し前に、オーストラリアのメルボルンでカフェに行ったときのこと。日本人の店員さんがいたので雑談をしたのですが、そこで彼はこう言ったのです。

「今日、この店で何軒目ですか？」

どういうことかというと、メルボルンに来た日本人観光客は、競うように1日に何軒ものカフェを巡るらしいのです。そして、その様子を一生懸命、ＳＮＳにアップします。

海外旅行の経験がある人は、「そういえば」と思い当たることがあるかもしれません。

海外に行ったときに、まずはあの名所、次はこの有名なカフェと、朝から晩までスケジュールを詰め込み、ヘトヘトになってしまった経験はありませんか？

そのような経験はぼくにもあります。

ぼくは客船でのクルーズ旅行が好きなのですが、初めてクルーズ船に乗ったときは、朝から晩まで、船内のアミューズメント施設を巡った記憶があります。

船内には、バーやプールなどたくさんのアミューズメントが用意されていて、バーだけでも30以上もあります。それらを全部遊び尽くさないと、「もったいない」と思ってしまったのです。

海外で観光名所を一生懸命飛び回っている人々も似た発想なのではないでしょう

か。「せっかく海外に来たのだから、あちこちに行かないともったいない」と。

でも、そのような旅行のスタイルは、本当に正解なのでしょうか？

そもそも、バケーションとは、のんびりと心身を休ませるためのものではないでしょうか。

特に内向型の人は、そんな休日の過ごし方をしたら、逆に疲れてしまいそうです。

それでも多くの人が競うように名所を巡り、それをSNSにアップするのは、**今の社会が、「外向的なスタイル」が唯一の正解だと決めつけてしまっているからです。**

静かに休日を過ごすのではなく、「カフェを○軒巡るぞ！」というように目標を立て、その目標を達成できるよう行動する。

そんな、外向型、パフォーマンス追求型のライフスタイルが、のんびりできるはずの休日にまで入り込んでいるということです。

まとめ

仕事だけではなく、プライベートでも外向型でいようとすると疲れてしまいます。内向型の人はプライベートでも素のままでいましょう。

心を開くための雑談

パフォーマンスや効率重視の社会で、あまり価値がないと見なされがちなものに雑談があります。

たしかに、雑談は一見、無駄で非効率的です。

しかし、人と人とを本当の意味で結び付けてくれるのが、雑談なのです。雑談には、その人のプライベートな情報や個人的な考え方が表れますから、人となりを深く理解する手助けをしてくれるのです。雑談は、まったく無駄ではありません。それどころか、人間関係には必須でもあります。

かつてのぼくが起業に失敗してしまった理由のひとつも、雑談をしなかったからでした。

ぼくは雑談の時間を無駄だと考えていたため、そのせいで良い人間関係を築けず、会社はうまくいかなくなりました。

仕事の場面でさえそうなのですから、プライベートや友人付き合いでの雑談がどれほど大事かは、言うまでもありません。相手があなたにとりとめのない話を続けてくれているということは、心を開いてくれているということなのですから。

まとめ

気ままな雑談は、心を開いてもらうために欠かせません。何気ない話を聞く時間を大切にしてください。

あなたは変わらなくていい

ここまで、コミュニケーションや話し方と関係のなさそうな話を続けているのは、実は、根底ではつながっているからです。

社会が外向的なスタイルを唯一の正解にしてしまった結果、内向型で大人しいタイプの人々が、生きづらさを感じてしまっています。

そんな人がよく、「喋り上手になりたい」「積極的なコミュニケーションを取れるように変わりたい」と言っているのを耳にします。書店に並ぶコミュニケーション術の本は、まさにそういう人々を対象にしているのでしょう。

でも、ぼくはそんな人たちに言いたいのです。

「あなたは、変わらなくていいんですよ」と。

外向的ではない性格なら、無理にそう振る舞うことはありません。かつてのぼくのように、疲れてしまいますから。

それでは、コミュニケーション上手になれないって？

そんなことはありません。

最初の起業に失敗したぼくは、自分なりに上手くいかなかった理由を探ろうと、コーチングやコミュニケーションの勉強を始めました。

そこで知ったのは、外向型の積極的なコミュニケーションだけではなく、内気な人向きの、内向型のコミュニケーションもあるということでした。

「外向的でなければコミュニケーションに向かない」というのは、ぼくの思い込みに過ぎなかったのです。

では、内向型のコミュニケーションとは何でしょうか？

それは、相手の話を聞くことです。無理に喋る必要はないのです。

まとめ

外向的な人には外向型の、内向的な人には内向型のコミュニケーション方法があります。積極的で外向的なコミュニケーションだけが正解ではありません。

内向型の人々は聞き上手

内向的な人々は、実は雑談に向いています。

「自分は話すことが苦手だから、雑談も苦手」だと思い込んでいる人も多いのですが、それは違います。

そこには「雑談＝積極的に喋ること」という前提がありますが、そんなことはありません。**喋ることが得意でないならば、無理に喋る必要はありません。**たまに問いを発するだけで、あとは聞き役に回ればいいのです。

少しだけ話が逸れますが、実は本筋と大いに関係があることなので、ちょっとお付き合いください。

今の社会では、人・物事を可視化することが重視され、見えないものは、あまり重要だと見なされません。たとえば、個人の気分や感情の揺れ動きは可視化が難しいため、軽視されがちです。

可視化できるものだけを頼りに物事を進めるやり方は、たしかにスピーディーで効率的ではありますが、それは外向的で能動的なタイプの人々に向いた方法ではないでしょうか。

一方で、内向きで、あまり能動的でない人たちは、相手の気持ちやその場の雰囲

気を読む能力に長けています。

ならば、その強みを活かして、ゆったりと流れにまかせて話を聞き続けてみませんか。

積極的に喋ることが苦手でも、相手のしぐさや表情から感情を読み取ることが得意ならば、相手の話をより深く理解できるでしょう。

また、じっくりと思考することが得意ならば、鋭い質問を発することもできるでしょう。それは、相手にとっては、話を展開するための手助けになるはずです。

内向型の人々は、聞き上手なのです。

まとめ

内向的で物静かな人たちは、話すことは得意でないかもしれませんが、聞き上手です。自分の強みに気付いてください。

問いは自分にも向けられる

コミュニケーション不全で最初の起業に失敗したぼくですが、その後学んだカウンセリングやコーチングの技術を応用して、今は「質問家」として活動しています。質問をするだけで、その人の能力やモチベーションを引き出し、深い対話をする方法をお伝えしています。

ここで重要なのは、ぼくのコンセプトである「質問」は、ほかの人に対してだけでなく、自分自身にも向けられるということです。

良い問いは、相手の話を引き出すことにつながります。だから、積極的に喋らなくても、とても良い雑談ができます。この本のＰａｒｔ３〜５では、主にその方法をお伝えします。

しかしそれだけではなく、自分に向けた問いを立てることで、自分自身の考えをはっきりさせたり、感情をコントロールする方法もお伝えします。

なぜなら、自分に対して問うことは、相手とのコミュニケーションでもとても重要な意味を持つためです。自分への問いはＰａｒｔ６で解説します。

他人への問いも、自分への問いも、会話上手になるためのとても有効な手段です。この本を読み終えたあなたは、内向的な性格はそのままに、会話上手になっていることでしょう。

そればかりか、自分自身との対話を通して、自分への理解を深めたり、不安やネガティブな気持ちに対処する力も身に付きます。今の社会で忘れられがちな「聞く力」は、コミュニケーションだけではなく、人生そのものを豊かにしてくれるのです。

まとめ

会話上手になるために有効な「問い」ですが、実は、自分自身に対しても向けられます。相手への問いも、自分への問いも、コミュニケーションではとても重要です。

「聞くだけ」でも大丈夫

ここまで読んでくれた人はわかると思いますが、この本でぼくが伝えたい「コミュニケーション方法」とは、世間でもてはやされている能動的なスタイルではありません。

ちょっと内気な人でもできる、話を聞くだけでいい受け身のスタイルです。

コミュニケーションや対話では、相手の話を聞くだけでも大丈夫。それが、ぼくがこの本で言いたいことです。

でも、「聞くだけ」と言っても、実はそれほど単純ではありません。現に20代のころのぼくは、それができずに苦しみました。

では、どうすれば良いのでしょうか。

まとめ

コミュニケーションは、相手の話を聞くだけでも成り立ちます。無理に喋る必要はありません。

Part 2

話を聞くための心の余裕

人に興味がないから話せない

ぼくは、コミュニケーションの中でも、特に雑談が苦手でした。

起業に失敗して少し経ったころ、なぜ雑談が苦手なのかを考えていたぼくは、あることを発見します。

ぼくは、他人に興味が持てなかったのです。だから人の話を聞こうと思えず、雑談が苦手だったのかもしれません。

仕事相手であれ、プライベートの知人であれ、相手に興味を持てば、自然と聞きたいことが出てくるでしょう。

ちょっとしたことでいいのです。

「今日の服、どこで買ったの？」

「どうして今の仕事を選んだのですか？」

こうした、ちょっとした質問から会話が始まり、コミュニケーションが生まれます。

しかし、他人に興味を持てなかったぼくは、質問をすることができませんでした。だから雑談ができず、絆も生まれなかったのです。

相手に興味を持てば、自然と、相手に聞きたいことが出てくるでしょう。おのずから会話が始まるはずです。

相手にとっても、他人に興味を持ってもらえるということは、とてもうれしいことです。

考えてもみてください。

スマートフォンを通して何千人もの人とつながることができる現代ですが、あなたに対して心から興味を持ってくれている人は、何人いるでしょうか？

家族やパートナー、あとは本当に親しい友人たちくらいではないでしょうか。

「自分に興味を持ってもらえる」というのは、とても貴重な体験なのです。

まとめ 相手に興味を持てば、おのずから会話が始まります。相手も、興味を持ってもらうことで心地が良いはずです。

その居場所は合っている？

ところが、人に興味を持てないことで悩んでいる人は、たくさんいるらしいのです。ぼくは、「人に興味が持てないんです」という相談を受けることがよくあります。

あなたはどうでしょうか？

内気な人は、得てして真面目ですから、「他人に興味を持たなくては」と頑張ってしまいがちです。

でも、無理をすると、長続きしません。それに、興味があるように装っても、すぐ相手にバレてしまうでしょう。

「人に興味が持てない」という悩みへの答えはとてもシンプルです。

それは、「興味が持てない相手に、無理やり興味を持とうとしなくていいですよ」というものです。

内向型であれ外向型であれ、人同士には相性があります。全員に興味を持てるはずがありません。

あなたの周りにも、興味を持てる人のひとりや2人は見つかるのではないでしょうか。そういう人たちとだけ、つながればいいのです。

コミュニティーとして人が人と繋がれる人数は、大脳新皮質の割合で決まっているともされており、ある人類学者の研究では、その上限はおよそ150人と言われています。SNSなどで150人以上のフォロワーがいる人も多いと思いますが、全員とつながらなくてもいいのです。

では、もし、周囲に興味を持てる人がまったくいなかったら?

その答えも、とても簡単です。**あなたがいる環境が、あなたとマッチしていないのです。**

身も蓋もないようですが、身を置く場所は、とても大事です。

生まれつき甘いものを大好きな人が、甘いものが苦手な人たちのコミュニティーに身を置いてしまったら、少なくとも食べ物について気が合う人を見つけるのは難しいでしょう。

繰り返しになりますが、人と人とには相性があるのです。相性が悪い人と無理に近づこうとしても、お互いがハッピーにはなれません。

まとめ
興味を持てない人に無理に興味を持つ必要はありません。相手が人である以上、相性があるからです。

人と行動を分けてみる

よく、パートナーなど近しい関係の人に興味が持てずに困っている……という悩みも聞きます。

そのように「他人に興味が持てない」と悩んでいる人に多く見受けられるのが、「人」と「その人がやっていること」を一緒にしてしまっていることです。

ある人に対して興味が持てないとしても、その人の取っている行動には、あなたにとって興味深いものがあるかもしれません。

たとえば、まったく気が合わないような人でも、よくよく観察すると、あなたと共通の趣味を持っているかもしれません。ならば、その人には興味は持てないけれど、その趣味には興味が持てるはずです。

すると、そこから質問が生まれ、雑談が始まります。

相手の人格そのものに興味を持たなければいけないと思い込んでいる人が多いのですが、そんなことはないのです。

まとめ

人と、その人の行動を分けて考えましょう。個々の行動には、興味が持てることだってあるはず。

質問を「やっていること」から「その人自身」に変える

ただし、今お伝えした方法は、あくまで、人に興味を持つきっかけでしかありません。

多くのチャンネル登録者を持っている人気YouTuberの友人が言っていたのですが、彼のもとに届く質問は、どれも「やっていること」に関するものばかりなのだそうです。

「どうするとフォロワーが増えますか？」

「コラボしてもらうにはどうすればいいですか？」

といった質問です。

お気付きのように、そこには、彼自身についての質問がありません。**彼が「やっていること」についての質問ばかりです。**

もちろん、会話のきっかけとしてはいいのですが、深い絆が生まれるほどではありません。

しかし、ぼくは「やっていること」に関する質問である程度仲良くなれたら、次

には、その人自身への質問に切り替えていくようにしています。

ＹｏｕＴｕｂｅｒの友人を例に出すならば、

「なぜ今の活動をしているのですか？」

とか、

「今年、行きたい場所って、どこですか？」

「これからどんな事をしていきたいのですか？」

といった質問です。

このように、その人自身への質問を投げかけると、相手にも「ああ、この人は自分が『やっていること』ではなく、自分自身に関心を持ってくれているんだな」ということが伝わり、より深い絆を持つことができます。

もちろん、初対面なのにいきなり、その人自身についての質問をしても、不審に思われるかもしれません。段階を踏むことが大事です。
でも、段階の踏み方も、人と雑談をしているうちに慣れるでしょう。まずは、その人が「やっていること」について質問し、やがて「その人自身」へ移行していってください。

まとめ

「やっていること」への質問から始め、やがて、「その人自身」への質問へ移行しましょう。相手も、自分に興味を持ってくれる人には好意を持つはずです。

興味を持つための心の余裕

ここまでお伝えしたこととはまた別に、人に興味を持つためにとても大切なことがあります。

それは、他人を受け入れるだけの心の余裕を持つことです。

かつてのぼくは、心に余裕が足りなかったせいで、「人の話を聞く」という発想が生まれず、コミュニケーションがうまくいかなかったのです。

ぼくに限りません。

余裕をなくし、目の前のことでいっぱいいっぱいになってしまっている結果、「人の話を聞く」という発想が持てないでいる方は多いのではないでしょうか。

たしかに、他人にどれだけ興味を持てるかどうかは、個人差もあるでしょう。しかし、まったく関心を持っていないというのは、ちょっと考えにくいと言わざるをえません。

少なくとも、この本の読者は違います。**なぜなら、この本を手に取っているということは、コミュニケーションに関心があるからです。**

それは、心のどこかで、他人に興味を持ちたいと思っているということ。ですから、心に余裕さえあれば、人への興味はむくむくと湧き起こってくるはずです。

こんな経験はありませんか。

仕事に追われているとき、心に余裕がなくなり、他人に関心が向かなくなるようなことが。

かつてのぼくがそうでした。たった2人で起業したこともあって、毎日が必死で、心身に余裕がまったくありませんでした。疲れ果てていたといってもいいでしょう。

そんな状態では、他人に興味を持つことなどできません。

だから、一方的で事務的な会話しかしなくなり、絆を作ることに失敗してしまったのでした。

コミュニケーションがうまくいかない、他人に興味を持てない人は、心に余裕がないのです。

ここで言う余裕とは、単に体力や時間のことだけを指すわけではありません。**そうではなく、心の中に、「何もないスペース」があるかどうかです。**

心に余裕があれば、そこに他人を迎え入れることができます。でも、心が仕事や考え事でぎゅうぎゅうになっていては、人への関心が生まれません。

まとめ 他人に関心を持つためには、心に余裕が必要です。

仕事を減らしたら、人と話せるようになった

しかし……と思われるかもしれません。

心に余裕を持つと言われても、そんな余裕はない、無駄ではないだろうか、という人も多そうです。

その気持ちはよくわかります。

仕事に限らず、効率化やスピードがもてはやされる世の中です。**余裕を作るどころか、むしろ詰め込むことが求められているといっていいでしょう。**

特にぼくは、生まれつき無駄が嫌いな性格ですから、ずっと、「詰め込む」ことを意識して動いてきました。

今の仕事を始めてからも、そうでした。

毎月20回以上の講演をこなし、最低、月に1回は海外での講演がありました。海外でも、できるだけ無駄をなくすために、朝から晩まで、セミナーや講演、交流会の予定を詰め込んでいました。

そんなライフスタイルが変わったのは、コミュニケーションを学ぶことで少しずつ「余裕」の大切さに気付けたことも理由ですが、妻の影響もあります。

彼女もぼくと同じように内向的な性格なのですが、あるとき、日本と海外を忙しく往復する毎日を送っているぼくに言ったのです。

「これじゃあ、海外に行っている意味がないんじゃない？」

たしかにぼくは、東京でも、ロンドンでも、ロサンゼルスでも、同じことをやっていました。せっかく海外に行っているのに、その土地でしかできないことを、やっていなかったのです。


ハッとしたぼくは、妻と話し合い、「1回の海外滞在につき、仕事はひとつだけ」という夫婦のルールを作りました。

すると、当然ながら、なにも仕事がない余裕の時間が一気に増えます。ぼくの海外出張は、だいたい呼んでくれる人がいますから、その人たちと過ごす時間が増えました。


人と一緒に過ごす余裕の時間が増えると、人の話を聞こうという気持ちが生まれ、おのずから雑談が増えます。やらなければいけない仕事が減ることで心に余裕が生まれ、他人への関心が芽生えたこともあるでしょう。

こうして、ぼくは少しずつ、人と話せるようになっていったのです。

ところが、このやり方にはひとつ問題があります。それは、仕事が減ってしまうことです。

まとめ

海外での仕事を減らし、余裕を作った結果、人と話す時間と心の余裕ができました。

雑談をしたら、友人と仕事が増えるサイクルに入った

余裕のある生活にあこがれる人は多いでしょう。しかし、そういう人の多くは、仕事や収入が減ってしまうことを心配しているのではないでしょうか。

ぼくも同じでした。

仕事を減らして余裕の時間が生まれたのはいいけれど、仕事が減ったままになってしまうんじゃないだろうか？　ということが心配だったのです。

結論から言うと、それは杞憂に終わりました。

たしかに、短期的には仕事が減りましたが、長期的には、むしろ増えていったのです。

それは、人の話をよく聞くようになったからです。

人の話を聞くようになったぼくには、単純化して語ると、次のような変化が起きました。

まず、人の話が聞けるようになると、雑談ができるようになり、友人が増えます。

すると、そういう新しい友人のうち数名が「よかったら、また来てくれないか？」

と次の仕事の依頼をしてくれます。

するとまた別の場所へ行くことになり、そこでもたくさん雑談をしますから、さらに友人が増え、仕事の依頼もいただき……と、友人と仕事が増えるサイクルが生まれたのです。


一度このサイクルに入ると、仕事（と友人）はどんどん増えていきます。


仕事が増えたのは、タスクを詰め込まず、余裕を作る仕事のスタイルがぼくに合っていて、自分の能力を存分に発揮できたことも理由でしょう。

内向的なぼくにとっては、ぎゅうぎゅうと仕事を詰め込むやり方は向いていなかったのです。

自分の性質に合わない働き方を選んでしまっては、本来の能力は発揮できません。

まとめ

仕事を減らして雑談を増やしたら友人が増え、その友人から仕事の依頼が来るようになりました。短期的に仕事を減らす決断が、長期的には仕事を増やしたのです。

効率化が余裕を生む

仕事を減らして余裕を作ったことで、結果的に仕事が増える。逆説的ですが、このようなことは他にもあります。

余裕を作るために仕事を減らしたとき、ぼくはできるだけ売り上げを減らさないで済むよう、ビジネスモデルを変えてみました。オンラインの仕事が占める割合を大きく増やしたのです。

実際に人と会ってするリアルでの仕事とは違い、オンラインでの仕事は時間や場所にとらわれないメリットがあります。

ですから、ぼくはオンラインでできる仕事は、できるだけオンラインに切り替えて効率化を試みました。

効率化とは、あるタスクに費やす時間を減らしてスピードアップすることでもありますから、余裕作りとは正反対の動きのようにも見えます。「効率化、効率化」という掛け声のもとに無駄をそぎ落とすことで、余裕を失ってしまうケースは少なくありません。

でも、その効率化をしたことで余裕が生まれたのです。

もちろん、効率化をする一方で、リアルで会わないとできないこともたくさんあります。

その代表が雑談です。雑談はオンラインでは難しいのです。

だからこそ、雑談の時間を確保するために、オンラインでも問題のない仕事をオンラインに移行し、時間の余裕を作りました。

まとめ

効率化は、余裕を持つことと反対のことにも思えます。しかし、効率化をした結果、余裕が生まれることもよくあります。

さまざまな視点を持つ

効率化をすることで余裕が生まれるのは、複数の視点から物事を眺めるとよくわかります。

この場合、それは長期的な視点と、短期的な視点です。

あるいは、近寄って細部を見つめるミクロな視点と、遠くから眺めるマクロな視点とも言えます。

ぼくは、雑談をする余裕を作るために、「短期的に」仕事を減らしましたが、「長期的」には仕事は増えました。

オンラインの仕事を増やして効率化したことで、結果的に余裕の時間が増えたわけですが、「その仕事・そのタスク」だけを見るならば、無駄を減らして効率化をしています。

でも、個々の仕事ではなく、ライフスタイル全体をマクロに眺めるならば、効率化ではなく余裕が増えています。

これも、複数の視点から物事を見たからです。

まとめ

複数の視点を使い分けることで、仕事やライフスタイルに潜む重大な逆説に気付くことができます。

長距離走では「遅い方が速い」

とはいえ、仕事を減らして余裕を作ることに、なかなか踏み切れない人も多いでしょう。仕事を減らしたり、余裕の時間を作ることには勇気がいります。

そこで、もうひとつ、別のたとえをさせてください。


100m走でベストのタイムを出そうとしたら、スタートから全力で走らなければいけません。ジョギングくらいのスピードでのんびりと走っていたら、時間がかかってしょうがありません。

しかし、もし42・195kmのフルマラソンでベストタイムを狙う場合はどうでしょうか？

やはり、スタートから全力で走るのが正解でしょうか？

そうではありませんよね。**全力走では、あっというまに息切れしてしまい、力尽**

きてしまいます。

マラソンの経験がある人なら分かると思いますが、フルマラソンなどの長距離走では、ペースを抑えて、体力をセーブしながらゆっくりと走ることが、「結果的には」速く走るコツです。

ぼくは数年前から、友人の仕事を引き継いで、ホノルルマラソンのツアーを主催しています。

実は、ぼくはマラソンや走ることが大の苦手で、ツアーを主催するまではまったく走ったことがありませんでした。

しかし、ツアーをやる以上、ぼくが走らないわけにもいきません。やむをえず、本番に備えてあらゆるランニングの本を読み漁ったのですが、そこで知ったのは、「マラソンなどの長距離走では走らなくていい」ということでした。

スロージョギングと呼ぶのですが、歩くくらいのスピードでゆっくりと走ります。

すると、あまり疲れませんから、最後まで走り切れるというわけです。
無理に走って途中でバテてしまうより、タイムもずっといいでしょう。
逆説的ですが、長距離走では「遅い方が速い」のです。

まとめ

雑談ができる余裕の時間を増やした方が、結果的に仕事がうまくいく。それは、長距離走では、遅く走ったほうが結果的に速くなる様子に似ています。

遅く走る勇気

しかし、マラソンにチャレンジする多くの人を見てきた経験から書くと、ほとんどの人は速すぎるペースで走ってしまい、途中でバテてしまいます。
ペースを抑えて走ることができないのです。いわゆるオーバーペースです。

ペース配分の大切さはよく知られているのに、ほとんどの人がオーバーペースに陥るのは、ペースを抑えるのが怖いからです。

「こんなに遅く走って大丈夫だろうか。タイムアウトにならないかな？」

「周囲の人たちのように速く走らなくていいんだろうか」

そんな不安に駆られ、ついペースを上げてしまい、バテてしまうのです。

ところが、本当にマラソンが速い人は、そのような不安に打ち勝ってペースを抑えることができます。だから、結果的に速く走れるのです。

たしかに、周囲のランナーがかなりのスピードで走っている中で、歩くようなペースでのんびりと走るのは不安でしょう。

それは、平日に休みを取る感じに似ているかもしれません。「みんな働いているのに、自分だけ休んでいいのかな？」と、不安になりますよね。

でも、全体としては、勇気を持って自分のペースを守った方が速いのです。

実際、先進的な企業はそういう取り組みを始めているようです。

Googleなどの世界的企業が、こぞってマインドフルネスを導入しているのは、同じような理由によるのでしょう。

マインドフルネスでは瞑想をしますが、当然、その間は仕事ができません。命を削って競争をしている企業にとっては、その時間のロスは致命的なように思えます。

それでも瞑想をするのは、仕事の全体を見れば、マインドフルネスに時間を使った方が、パフォーマンスが上がるからです。

目先のスピードにとらわれず、生活でも、仕事でも、自分のペースで「遅く走る勇気」を持ってみませんか？

雑談もコミュニケーションも、この勇気から生まれます。

まとめ

遅く走ることや、生活に余裕を持つことには勇気がいります。でも、そのほうが良い結果に結びつくことも珍しくありません。

全力走の世の中で歩いてみる

コミュニケーションや話すことに苦手意識を持っている内向的な人は、たぶん、全力走よりもスロージョギングが向いているのだと思います。

自分のペースで、静かに歩く。そんな生き方をした方が、パフォーマンスを発揮できるタイプです。

ところが、今の世の中では全力走ばかりが称賛され、ゆっくり、しっかりと歩むタイプは肩身が狭いのが実情です。

それは、今の世の中が、短期的な成果ばかりに注目するからかもしれません。

「今、この瞬間」だけのパフォーマンスを見るならば、歩いている人よりも、全力で走っている人の方がずっと速そうに見えます。


でも、長い目で見ればそうではないことは、ここまでお伝えしてきたとおりです。


積極的で外向的なコミュニケーションだけが正解だとされるのも、それと関係があるかもしれません。

その場だけを切り取るだけなら、たくさん喋る人の方がコミュニケーション上手に見えるからです。

しかし、そうではありません。

時間をかけて、しっかりと相手の話を聞く人は、一方的に喋り続ける人よりも、相手の心をつかみやすいでしょう。また、なによりも、相手の話を聞くことで相手への理解を深められます。

そのような深い関係性を築くことができれば、後々、お互いに良いことが起こるかもしれません。一方的に商品を売りつけるセールスよりも、じっくりと関係を築いてからクライアントと長く付き合うセールスの方が、長い目で見ればよい成績を出せることに似ています。

短期的な成果やスピード感は、とてもわかりやすいパフォーマンスではありますが、あまり長続きしないのかもしれません。まるで、全力走が長続きしないように。内向型の人は、ランナーに例えるなら長距離走者です。速くはないけれど、長い距離をしっかりと走り切れる。それは、短距離走とは別の強みです。

話を戻しましょう。

喋るだけがコミュニケーションではありません。人の話をじっと聞くスタイルだって、あっていいのです。雑談やコミュニケーションは、話を聞くところから始まるのですから。

勇気を持ってください。

たしかに、周囲の人々や世間では、みんなが慌ただしく走っているかもしれません。

でも、焦ってそのペースに付き合わなくてもいいのです。自分のペースでゆっくりと歩いてください。

同じように、コミュニケーションでも焦る必要はありません。

話すことが得意ではないなら、相手の話を聞けばいいのです。

あなたには、あなたのスタイルがあります。

まとめ

今は「全力走」的な生き方や積極的なコミュニケーションばかりが推奨されますが、それだけが正解ではありません。自分から話すだけではなく、人の話を聞くコミュニケーションだってあっていいのです。

Part 3

レベル1

共感を態度で示す

——笑顔でうなずく

会話上手になるまでの3ステップ

さて、ここからはいよいよ、具体的な「話の聞き方」についてお伝えしていきます。

ぼくはこの本で、コミュニケーションの苦手な人が、会話上手になるまでのステップを、3つに分けてみました。

レベル1　共感を態度で示す
レベル2　キーワードを拾う
レベル3　心の奥底に迫る

この3ステップです。

レベル3に達したら、その人はもう、かなりの会話上手です。このレベルの人は、周囲にはまずいないといっていいでしょう。

いいえ、レベル1を実現できた時点で、普通のコミュニティーならば、会話上手に分類されるはずです。まずはレベル1を目指してくださいね。

まとめ　会話上手になるまでの過程を、3つのレベルに分けてお伝えしていきます。

「話を聞いてもらう」のは貴重な体験

まずはレベル1です。

「笑顔でうなずくだけ」と書きましたが、これは比喩表現でもなんでもなく、文字通りです。ただ笑顔でうなずくだけでも、会話上手になる道のりの第一歩になるのです。

それだけでいいの？　と思われる人は、たぶん「話を聞いてもらうこと」の価値の重さを見落としているのだと思います。

今の社会では、他人に話を聞いてもらうという体験は、とても貴重なものになっています。

考えてもみてください。

5分でも10分でもいいですから、あなたの話を黙って聞いてくれる人が、世の中にどれだけいますか？　家族でさえなかなか難しいくらいですから、ほとんどいないでしょう。

ところが困ったことに、人という生き物は、話すことが大好きなのです。

学校の校長先生の話があんなに長いのは、話したがりだからです。SNSに大量に自分語りがあふれているのも、人が話したがりだからです。

「人に向かって話すこと」の供給量は、ものすごく多い。

まずはそのことに気付いてください。

しかしその一方で、需要、つまり「話を聞いてもらう機会」は、先ほど書いたようにとても少ない。供給と需要のバランスが、極端に供給側に傾いているんですね。

だからこそ、「笑顔でうなずきながら話を聞く」ことができるだけでも、あなたはとても貴重な存在になれるのです。

まとめ

人は話したがりな生き物ですが、人に話を聞いてもらえる機会は非常に貴重です。だから、ひたすら話を聞くだけで、あなたは貴重な存在になれます。

話は理解しなくてもいい

しかし、実際にやってみると、笑顔でうなずくだけでも難しい、という人が出てくるはずです。
どうしても相手の話を理解できないとか、納得できないといった人です。反論したくなってしまう人もいるでしょう。

そういう人には、「相手の話を聞くときは、その内容を理解しなければいけない」という思い込みがあります。

もちろん、相手の話を理解できるに越したことはありません。しかし、それはとても高度な技術なのです。

なぜなら、相手の話を理解するということは、

・話の内容をしっかり理解しながら、
・それについて、自分の意見をまとめつつ、
・リアルタイムで相手に反応する

という、少なくとも3つの作業が必要になるからです。これらを同時並行で、しかも素早く行わなければいけません。

ですから、レベル1の段階では、相手の話を理解しなくてもいいのです。文字通り、「うなずくだけ」で大丈夫です。

それでは相手に失礼ではないかって？

先ほどぼくが書いたことを思い出してください。今の社会では、話を聞いてくれる人の存在はとても貴重なのです。

「自分は話を聞くのが苦手だから……」と、相手の話す機会を奪うほうが失礼ではないでしょうか。

大丈夫。

興味がある相手の話にうなずいているうちに、自然と相手への理解が深まり、その人の話を理解できるようになってきます。

まずは、うなずくことから始めましょう。

まとめ

「相手の話を理解しなければ」と思い込まないでください。慣れるまでは、笑顔でうなずくだけでも、会話上手と言えるのです。

うなずきは聞き上手の「型」

笑顔でうなずくことの大切さは、スポーツの「フォーム」や武道の「型」にたとえるとよくわかります。

どんなスポーツや武道も、まずは「型」を覚えることから始まります。

野球や剣道なら、素振りをして、正しい身体の使い方を覚えることが第一歩です。

いきなりホームランを打つ技術を身に付けようと思っても、型がしっかりしていなければうまくいきません。

話を聞くことも、実は同じなのです。まずは型を身に付けなければいけません。

そして、話を聞くという行為での型であり、フォームでもあるものが、うなずきなのです。

会社やカフェで周囲を見回して、他人の話を聞いている人を見つけてみてください。

ちゃんとうなずいているでしょうか？　よそ見をしていたり、尊大な態度を取ってはいませんか？

よくよく見ると、話を聞くための正しい型を身に付けている人は、ほとんどいないはずです。

仮に相手の話を１００％理解できていたとしても、型が正しくなければ、相手は話すモチベーションを失ってしまうでしょう。

ぼくがうなずきの大切さを強調しているのは、あらゆるスポーツや武道と同じように、話を聞くためにも正しい型が必要なのに、きちんと身に付けている人がほとんどいないからです。

だから、最初はうなずくだけでいいのです。うなずくことができたら、あなたは会話上手への第一歩を歩み出したことになります。

まとめ

スポーツや武道のように、話を聞くことにも「型」があります。それが、うなずきと笑顔です。

笑顔とうなずきは非言語メッセージ

なぜうなずきと笑顔が大切なのかというと、どちらも、言葉ではない形で、相手に「私はあなたに興味がありますよ、あなたの話を聞きたがっていますよ」というメッセージを伝えているからです。

近年、「非言語コミュニケーション」（ノンバーバル・コミュニケーション）の重要性がよく話題になっています。非言語コミュニケーションとは、表情や身ぶり・手ぶりなど、言葉以外で情報を伝えることを指します。

たとえば、ちょっとしたやりとりでノンバーバルの影響力の大きさを知ることもできます。

「どうも」という言葉がありますが、これだけではどういう意味かはわかりません。あいさつかもしれませんし、「どうも（イマイチだな）」「どうも（ありがとう）」かもしれません。
どの意味になるかは、

・どういう場面で使われるか
・どんな表情と組み合わされるか
・どんなトーンで発音されるか

といった非言語情報により決まります。非言語情報は、言葉の意味を決めるほど重要なのです。

そして、レベル1での笑顔とうなずきも、非言語コミュニケーションです。
うなずきは、「あなたの話をしっかり聞いていますよ」というメッセージ。笑顔は、「自分はあなたに心を開いているから、安心して話して」というメッセージ。

どちらも、信頼して話をしてもらうためには欠かせないものです。

ここから、言葉のやり取りについてもう少し詳しく解説していきますが、その前に、非言語情報の大切さを知っておいてもらいたいと思っています。言葉だけにとらわれていては、コミュニケーションはできないからです。

まとめ

非言語情報はとても重要。笑顔とうなずきは相手に信頼して話をしてもらうためには欠かせないものです。

内向的なタイプは気持ちを読める

もっとも、ぼくは、読者の皆さんが非言語情報をしっかりとやりとりすることについては心配していません。

この本を読んでくれているような、やや内向的な人は、非言語コミュニケーションの重要性を知っているはずだからです。

Ｐａｒｔ１でも書きましたが、内向的な人たちは、外向的な人よりも、相手のちょっとしたしぐさや表情の変化から相手の気持ちを読み取る力が強いのです。

逆に、言葉を操ることが得意なのは、外向的で能動的なコミュニケーションを好む人たちです。

彼らは雄弁で、言葉によって相手を説得することに長けています。

別にどちらが優れているということはありませんが、今の世の中では外向型の生き方が正解ということになってしまっています。だから、「コミュニケーション＝言葉」という誤解が生まれ、雄弁であることが評価されやすいのでしょう。

でも、言葉にならない相手の気持ちを読み取る能力が高いのは、内向的な人たちの方です。誤った情報に流されてその強みを捨ててはいけません。

まとめ
コミュニケーションは言葉だけではありません。内向的な人は言葉にならない情報を読み取るのが得意です。

非言語コミュニケーション能力が裏目に出るとき

ただし、内向的な人々の非言語コミュニケーション能力の高さが、かえって裏目に出ることもあります。

それは、相手の言葉の裏にある気持ちを間違って深読みしてしまうこと。特に、ネガティブな方向に深読みしてしまうと、会話は盛り上がりません。

たとえば、話をしている最中に「この人、自分のことが嫌いなのかな？」「つまらないのかな？」などといった不安が出てきてしまったことはありませんか？

面と向かって「あなたが嫌いです」と言われてしまったなら、残念ですが、その通りかもしれません。

でも、多くの方は、相手の態度や表情を見て「自分のことが嫌いなのだろうか」と推測したはずです。まさに非言語コミュニケーションです。

しかし、その推測は間違っていることも多いのです。

相手がつまらなそうにしているように見えたとしても、単に、もともとそのような表情なのかもしれないし、たまたまその日が疲れているだけなのかもしれません。いろいろな可能性が考えられます。

ところが、あなたの心の中にネガティブなバイアスがあると、相手の様子をネガティブに解釈してしまいます。

内向的な人々が、しばしば物おじしてしまうのは、このネガティブな深読みが原因だと考えられます。

相手の気持ちを読めるのは、内向的な人たちの強みです。しかし、その強みが、かえって弱みになってしまうことがあるのです。

では、ネガティブな深読みを避けるためにはどうすればいいのでしょうか？

まとめ

相手の気持ちをネガティブな方向に深読みせず、中立的な気持ちでいるようにすると、楽に話を聞くことができます。

「自分への問い」でネガティブを避ける

自分自身の気持ちをネガティブな方向に向けるか、ポジティブな方向に向けるかは、会話中の問いの立て方によって変わります。

ただし、ここでいう「問い」は、相手への問いではありません。自分への問いです。

「この人は、私に対して悪い感情を持っているのでは？」という問いを立ててしまうと、無意識のうちに、その問いを支持するようなエビデンスを探してしまいます。少し眉をひそめたとか、よそ見をしたとか、ちょっとしたことであっても、そもそもの問いがネガティブなものだと、大きくネガティブな方向に解釈してしまいます。

しかし、たとえば「この人は、どういう会話が好きなのかな？」という問いならば、思考はネガティブな方向には行きません。

気持ちは、問いの立て方によって変わるのです。

「ネガティブな気持ちが生まれるのは、ネガティブな問いを立てるから」という原則は、頭に入れておいてください。

まとめ

気分や感情は自分への問いの立て方によって変わります。ネガティブな問いは、ネガティブな感情を生みますが、ポジティブにとらえると前向きの感情が生まれます。

Part 4

レベル2 キーワードを拾う

——ちょっとした質問をしてみる

相手の話から問いを作る

うなずきと笑顔を身に付けたら、次はいよいよレベル2に向かっていくことになります。

レベル2は、ごく簡単な質問ができるようになることです。その質問によって、相手の話をさらに引き出すのです。

簡潔であっても、的を射た質問ならば、相手はどんどん喋ってくれます。あなたがあまり話さなくても、会話は盛り上がるでしょう。

問題は、どうすればそのような質問ができるようになるかです。

よくありがちな失敗が、「会話を盛り上げるために質問しなければ」という気持ちが焦るあまり、一方的に質問を投げかけてしまうこと。

季節や食べ物といったよくあるテーマから、「休日はどこかに行かれるんですか？」「どんな食べ物がお好きなんですか？」といった質問を作り出し、相手に投げかけることは難しくありません。

しかし、それで会話が盛り上がることはまずないでしょう。

なぜなら、相手にとって唐突すぎるから。会話の準備ができていないところに問いをぶつけられても、相手も困惑してしまいます。

会話が盛り上がる質問とは、「相手の話を基に作る」質問です。

相手の話を基にした質問なら、相手が話したいことに沿っているわけですから、どんどん喋ってくれるでしょう。

たとえば、相手が週末の旅行の話をしているならば、そこの名所や食べ物についての話題であれば、相手も話しやすいはずです。

聞き上手になるための重大なポイントは、自らが質問の口火を切ってはいけない

という点です。あなたが聞きたいことが、相手にとって話しやすいことだとは限りません。

主役は、あくまで話し相手。相手が話しやすいよう、相手の話から質問を作りましょう。

まとめ

問いをゼロから作ってはいけません。相手の話を基にして問いを立てると、相手は喋りやすくなっていきます。

相手の話ではなくキーワードを聞く

ところが、ここでひとつ問題が出てきます。

レベル1の「うなずき」のところでも記しましたが、相手の話をすべてしっかりと理解することは、とても難しいのです。

レベル1はうなずくだけですから、相手の話を理解しなくても問題ありませんでした。しかし、簡単とはいえ質問を作らなければいけないレベル2は違います。相手の話を聞かないわけにはいきません。

そこで意識してほしいのは、相手の話を「文章として」理解しようとしないことです。**そうではなく、キーワード（単語）だけを聞き取るようにしてください。**

相手が話していることの「全体」を理解するのは、とても難しいことです。人の話は、あらためて文字にしてみると、とても混乱しています。

「昨日カフェに行ったんだけど、あ、いつも行く場所なんだけど、すごい混んでて、でも私はコーヒーを頼みたかったんだけど、知り合いの店員さんがさ……」のように、テーマも視点も、二転三転しています。整理された、正しい日本語を話せる人はごく例外的です。

だから、相手の話を文章として全体を理解し、そこから問いを立てるのは、簡単ではありません。

しかし、「コーヒー」とか「知り合いの店員」といったキーワードだけを聞き取るのは難しくありません。

ならば、キーワードを基に問いを立てればいいのです。

問いの材料がキーワードだけでも、「コーヒー?」とか、「店員さんに知り合いがいるんだね」とか、質問を作ることは可能です。

そして、そのキーワードは相手が話したいことに沿っているわけですから、「そうそう、通っているうちに顔を覚えられちゃったみたいでさ……」と、相手はどんどん喋るでしょう。

話下手だと思い込んでいる人の多くは、相手の話を「文章として」理解しようとしてしまっています。

それではもっと難しくなりますし、理解することに集中してしまうと、もっと基本的なレベル1のうなずきや笑顔がおろそかになってしまいます。

相手の話の全体は理解しなくてもいいですから、印象的なキーワードをピックアップし、そこから問いを立てる。

それができるようになれば、会話上手レベル2です。

まとめ

相手の話を文章として理解するのは簡単ではありません。まずはキーワードを聞き取り、そこから問いを立てるだけでいいのです。

気になるキーワードについて聞いてみる

具体的には、相手が挙げたキーワードの中で、「もっと聞きたいな」と思ったものについて質問してください。

聞いたことがあるかもしれませんが、定番のキーワードは、あなたとの共通点です。あなたの出身地や住んだことがある場所の名前が相手から出たら、すぐに飛びつきましょう。共通の趣味や映画、本などもいいですね。

共通点ではなくても、相手の話の中に出てくる

- 出来事
- 場所
- 具体的なモノ
- 人

・仕事

などは、次の話題に繋がりやすいキーワードです。先ほどの例では、「コーヒー」は具体的なモノ、「知り合いの店員さん」は人でした。
そういったキーワードの中に、あなたが「もっと聞きたいな」と感じるものがあったら、声に出して聞いてみる。それだけです。

まとめ
相手の話の中のキーワードのうち、気になったものについて聞いてみましょう。

「知っている」ことへの問いと「知らない」ことへの問い

ここでは、問いが大きく2種類に分かれることを意識するとやりやすいでしょう。

ひとつは、あなたがすでに「知っている」ことについての問いです。

代表例は共通点です。あなたが北海道出身だとして、相手の口から「北海道旅行」というキーワードが出たら、問いのチャンスですよね。

この場合の「北海道」は、あなたにとってはよく知っていることではありますが、相手の口から知っているキーワードが出ると、つい聞いてみたくなります。

相手の立場から見ても、すでに北海道の知識があるあなたを相手に話すことは、新しい発見もあり、楽しいものです。どんどん話してくれるでしょう。

これが、「知っていることについての問い」です。

もうひとつは、逆に「知らないこと」への問いです。

また地名を例にとると、あなたがスペインに行ったことがないけれど、関心があるならば、相手の口から「スペイン」という地名が出たら、やはり問いのチャンスです。

それは先ほどとは対照的に、あなたにスペインについての知識がないからです。

人は、自分が知らないことについて知りたがるものです。だから、まったく知らないキーワードが相手から出たら、それも問いにつながるのです。

相手からしても、知識がない相手に自分の知識を伝えることには、ある種の心地良さがあります。会話は盛り上がるに違いありません。

「知っていること」への問いは自然と口から出てくることも多いですが、「知らないこと」への問いは、知的な好奇心がなければ出てこないでしょう。

ぼくは常に、新しい物事を知りたいと思っています。新しい知識を取り入れなければ、心が老いていく気がしているからです。

いつまでも若々しい人は、好奇心も強いですよね。あるいは、新しいものへの拒否感が少ないと言ってもいいでしょう。

知っていることについての問いと、知らないことについての問い。この2つを使い分けると、会話はどんどん盛り上がっていきます。

まとめ

知っていることについての問いと、知らないことについての問い。この2つの問いを使い分けましょう。

自問自答で問いを作る

しかし、ここまでの解説を理解しても、「問いを作るのは難しい」という人も多いでしょう。

無理もありません。問いを立てなければいけない、会話上手レベル2は、うなずきと笑顔の「型」があればいいレベル1からは段違いに難しさが上がるからです。

野球にたとえるなら、素振りのフォームが綺麗になったとして、実際にバッターボックスに立てばボールを打てるかというと、違いますよね。

ですが、うまくいかなくても気にしないでください。レベル1の型が身に付いただけでも、あなたは相当の会話上手です。

レベル2で問いを立てるのが難しいのは、「何を聞くべきか」について、自分自身にも問わなければいけないからです。

「興味を持ったことについて聞く」と書きましたが、「興味を持つ」というのは、自分自身が何について聞きたいのかを、自分で把握するということです。

それは自分への問いですから、レベル1では必要なかった、新たな作業が増えるということです。

先ほど書いたように、問いは「知っていること」についてのものと「知らないもの」についてのものに大別できます。

もしあなたがコーヒー好きならば、「うん、自分はコーヒーに詳しいから、コーヒーについて聞いてみよう」というのが一つの手です。

これは、知っていることについての質問ですね。

あるいは逆に、あなたが人混みが苦手で、混んでいるカフェに行った経験がないならば、「そんなに人気のカフェってどういうお店なんだろうか」という興味も出てきそうです。

これは、知らないことについての問いです。

相手への問いを立てるための自分への問いとは、このような作業です。

もう一度、レベル2についてひとつひとつ説明すると、

①相手の会話全体ではなく、キーワードをいくつかピックアップする

キーワードに基づいて質問を作る

❶ 相手の会話からキーワードをいくつかピックアップ

↓

❷ ①のキーワードの中から、何を聞きたいかを自問自答

↓

❸ ②に基づいて相手に質問

②そのキーワードの中から、自分が気になるキーワードと、そのキーワードについて何を聞きたいか自問自答する
③②に基づいて相手に質問する

ということになります。

②の自分への問いかけは、③での相手の問いの準備ですから、とても重要なステップです。②をないがしろにすると、よい問いができず、相手の話すモチベーションが低くなってしまいます。

しかし、リアルタイムの会話の中で、じっと考え込むことはできません。②に使え

る時間は、せいぜい1秒くらいです。

だから、相手の話を引き出せる問いを立てるには、自分への問いを習慣化しなければいけません。

会話上手になるためには、まず、自分の心の声に対して聞き上手にならないといけないのです。自分への問いについては、Part6で改めて解説します。

まとめ

相手に何を問いかけるかは、自分自身に対して問うことで決まります。自分に対して問う力は、会話上手になるためには必須です。

レベル2を身に付けるためのテーマ別質問リスト

相手に質問をしなければいけないレベル2は、レベル1と比べると格段に難しくなるのは間違いありません。ここまでの説明だけではイメージが湧かない人もいるでしょう。

そこで、そんな人に向けて、巻末に質問リストをつけました。全部で54の質問がテーマ別に掲載されています。

リストの使い方ですが、まずはお伝えしたように、相手の話からキーワードを聞き取ってください。

次に、そのキーワードと関連するテーマの質問を見てください。将来のキャリアに関するキーワードなら「キャリア」の質問を、どうも色恋に関係がありそうだな、と感じたら「恋愛」の質問を、という感じです。

すると、それぞれのテーマには基本的に5つの質問が用意されています。「キャリア」なら「今までで一番楽しかった仕事は何ですか？」「どんな力を身に付けたいですか？」といった具合です。

これらの質問を見ると、テーマに対する質問の作り方のイメージが湧くはずです。

もちろん、掲載されている質問をそのまま使うこともできますが、話している最中にリストを見ることは難しいでしょう。ですから、イメージトレーニングに使ってみてください。

あるいは、相手と会う前に雑談の中で出そうなテーマが予測できるならば、あらかじめ質問リストを見て、質問を頭にインプットしておくこともできます。

まとめ

問いを作ることに慣れていない人のために、巻末に質問リストを用意してあります。事前の準備に、イメージトレーニングに使ってください。

会話での沈黙を恐れない

相手に対して問いを発するレベル2では、非言語コミュニケーションがさらに重要になってきます。

中でも、ぼくが特に大切だと思うのは、会話で沈黙している時間を大切にすることです。

コミュニケーションが得意ではない方の多くは、相手が黙ってしまう時間が苦手なのではないでしょうか？

沈黙が怖いとか、いたたまれなくなってしまうといった悩みをよく聞きます。

しかし、沈黙を恐れてはいけません。むしろ、会話では、話している時間よりも話していない時間、つまり「間」のほうが重要なくらいです。

なぜなら、相手が黙っている時間とは、相手が自問自答し、言葉を探している時間だからです。

その沈黙に耐えられずに喋り出してしまうことは、相手の考えを妨害する行為にほかなりません。だから会話が盛り上がらないのです。

相手が沈黙しているのは、話すことを一生懸命探しているということです。
会話上手になるということは、相手を主役として尊重できるということでもあります。慌てずに、相手が言葉を発するのを待ちましょう。

まとめ

会話での沈黙は、次に喋ることを考えるための大切な時間です。恐れる必要はありません。沈黙を大事にしてください。

見えるものより見えないもののほうが豊か

今の沈黙の話もそうですが、会話を楽しみ、聞き上手になるためには、言葉にならないものを大切にしてください。

今の社会で重視される、人の心理やパフォーマンスを数値などで表現する「可視化」は、たしかに大切です。あいまいで見えづらいものを言葉や数値にすることで、仕事は効率化できるかもしれません。

でも、人との対話では、見えないものや言葉にならないものの方がずっと重要であることも多いのです。

新型コロナウイルスのパンデミック以降、オンラインでのミーティングが広まりました。飲み会をオンラインで行う人たちさえ出てきました。

ぼくも使ってみたのですが、結論は、「ぼくは、コンサルティングやコーチングはオンラインではできない」というものでした。

それは、オンラインだと、抜け落ちる情報があまりに多いからです。感覚的には、リアルに比べると、情報量は2～3割くらいしかありません。

オンラインミーティングでも、音声はもちろん、カメラによる映像もありますから、身ぶり手ぶりや表情も相手に伝わるはずです。

それでも情報が少ないと感じるのは、私たち人間が、本当に微妙な空気感や雰囲気、カメラに映らないくらいのちょっとした表情や姿勢の変化によって、言葉にならないメッセージをやり取りしているからにほかなりません。

一例を挙げると、オンラインでのやり取りには、リアルとは違い、コンマ数秒のタイムラグがあります。そのタイムラグこそが、オンライン特有のやりにくさの一因だと感じています。

みなさんも、オンラインでのミーティングは、リアルよりもなんだかやりにくいな……と感じたことはないでしょうか？　タイムラグに加え、音声の聞こえづらさや、相手の全身が見えないこと、発言のタイミングが読みづらいことなど。

そういった「やりにくさ」は、リアルの対話では存在する「言葉にならないもの」が失われた結果です。

逆に言うと、リアルでの対話には、このような非言語情報がたくさんあるということです。それこそが、対話での「言葉にならないもの」の正体です。

まとめ

対話では、言葉にならない情報をたくさんやりとりしています。オンラインミーティングをやりにくいと感じるのは、その情報がないからです。だからこそ、相手が発する、「言葉以外のもの」に目を向けましょう。

Part
5

レベル3

心に奥底に迫る

——相手に発見を与えられる、深い質問をしてみる

相手も答えを知らない問いを投げかける

話し相手の発するキーワードに着目し、質問をすることで話を引き出すのがレベル2でした。レベル2に達することができれば、かなりの会話上手といえるでしょう。

しかし、さらにその上があります。それがレベル3です。

キーワードから問いを作るレベル2との違いは、とてもはっきりしています。

それは、「相手も答えを知らない問い」を発することができるかどうかです。

問いかけには「相手が答えを知っている問い」だけではなく、「相手も答えを知らない問い」があります。

たとえば、地中海のマルタ島に旅行しようとしている相手と話していたとします。

「マルタ島はどこにあるんですか？」「日本から直行便はありますか？」といった問いは、答えがはっきりしています。相手も簡単に答えられるでしょう。もし知らなくても、ちょっと調べればすぐに答えが見つかります。

しかし、「どうして地中海に行こうと決めたのですか？」という問いだと、どうでしょうか。**答えは、いくらスマートフォンで検索しても見つかりません。相手の心の中にしかないからです。**

これが、相手もまだ答えを知らない問いです。あるいは、決まった答えがない問いと言ってもいいかもしれません。

相手は少し考え、「ずっとオフィス街で仕事をしているから、地中海の強い日差しを浴びたくなったんです」などと答えるかもしれません。

このとき、相手の沈黙を大切にしてくださいね。レベル3になると、沈黙の大切さはさらに大きくなります。

ひと通り雑談が盛り上がったら、あなたは、さらに畳みかけます。

「○○さんにとって、旅行とはなんですか？」と。

この質問には、決まった答えはありません。**相手にとって、考えなければ答えられない問いでしょう。**

まとめ

相手が答えを知っている問いではなく、相手も答えを知らない問いを投げかけるようにしてみましょう。

相手に「発見」を与える問い

ＮＨＫに『プロフェッショナル 仕事の流儀』という人気番組があります。

これは様々な分野のプロフェッショナルたちの仕事に密着するドキュメンタリーなのですが、番組の最後に、決まって「（あなたにとって）プロフェッショナルとはなんですか?」という内容の質問が投げかけられます。

その答えは人によってまったく異なる、大変に興味深いものです。この番組が人気である秘訣であり、有名なセリフでもあるので、ご存じの方も多いでしょう。

この質問はまさに、ぼくの分類でいう会話上手レベル3の質問です。

答えるのは難しいでしょう。決まった答えはありませんし、本人も答えを知らないからです。

しかし、だからこそ、この質問への答えが多くの視聴者の心を動かすのです。

この問いがドラマチックなのは、聞かれた本人が問いへの答えを探す過程で、「プロフェッショナルとはなにか」ということを発見するからです。

普段から「プロフェッショナルとは……」のような深い問いについて考えている人はなかなかいません。だから、そんな問いを投げかけられると、長い沈黙の後に、ようやく答えを発見するのです。

その答えは、問われた本人にとっても新鮮な発見でしょう。


これがレベル3の問いです。

レベル2までの問いは、質問をする側が答えを得るための問いでした。いわば、受け取るだけの問いです。

しかしレベル3の問いになると、質問をされる側も発見を手に入れることができます。**つまり、こちらが答えを得るだけではなく、相手に「与える」こともできる問いなのです。**


どのレベルであっても、会話上手は相手に対して「話す喜び」を与えられるのですが、喜びの種類はレベルによって違います。

レベル1での喜びは、シンプルに「話を聞いてもらえるうれしさ」です。人は、親身になって話を聞いてもらえるだけでも十分にうれしいと書いた通りです。

レベル2での喜びは、質問してもらえる喜びです。質問されるということは、質問する人が自分や自分がやっていることに関心を持っていることの表れですから、誰でもうれしいものです。

レベル3のうれしさは、それらとはまったく質が違います。**それは、自分でも気づいていない心の奥底に潜む気持ちに気付かせてもらえた、発見の喜びです。**

まとめ

レベル3での問いは、質問された側にも新鮮な発見がある問いです。問う側が、問われる側に発見を与えることができる問いなのです。

人は自分の心を知らない

レベル3の「与える問い」が非常に大きな価値を持つのは、多くの人は、自分の心の中をよく知らないからです。

自分がなぜそのような行動を取ったのか、あるいはなぜそのような結論に至ったのか。よく考えてみると、理由がはっきりしないことも多いのではないでしょうか。

それは、「自分の心の話を聞く」ことをしていないからです。聞き上手は、自分の心に対しても聞き上手ですが、多くの人はそうではありません。

もちろん、日常的なちょっとした行動についてなら、多くの人はその行動の理由をすぐに答えられるでしょう。

「どうして今日のランチはサラダだけなの？」→「少しダイエットしようと思って……」という感じです。

しかし、「本当にダイエットしたいの？」「ダイエットをすることは、あなたにとってどういう意味があるの？」と、どんどん問いを深めていくと、その答えはだんだんあいまいになっていくでしょう。

自分の心の奥底まで把握している人は、あまりいません。

人は自分の心の中を知らない。

このことに気付くことは、レベル2からレベル3にステップアップするためのカギです。

まとめ

人は、自分の心の詳細を知りません。自分の心についての発見を与えられるのが、会話上手レベル3の質問です。

言葉ではなく気持ちを「聞く」

また別の表現をすると、レベル3の会話上手になるということは、「聞く」対象が相手の言葉から、言葉の向こう側にある気持ちへとシフトすることでもあります。

ぼくはなにも、みなさんに相手の心が読めるエスパーになってほしいわけではありません。話を引き出すための問いは相手の話から作る、という原則はレベル3でも変わりません。

レベル2の問いは、レベル1のうなずきによって引き出した、相手の話のキーワードから作りました。

それと同じように、レベル3の問いも、レベル2の話から作ります。

しかしレベル2との大きな違いは、キーワードではなく、言葉にならないものから作る点です。

ここまで、非言語情報の大切さを強調してきたのは、レベル3での問いの立て方に備えるためでもあります。

レベル3では、相手が何を「話しているか」ではなく、何を「話そうとしているか」を、言語化されていない情報から感じ取ってください。

とはいえ、「相手の気持ちを理解してください」だけでは、あまりにも不親切すぎますね。

大丈夫。ここにもちゃんと、方法はあります。

まとめ

会話上手のレベルが上がっていくほど、会話の主体は質問する側から、質問される側へと移っていきます。そして、言葉から、言葉の奥にある気持ちの方が大切になります。

心の奥底に迫る問い① 頻出するキーワードを見つける

ぼくの考えでは、レベル3の問いは大きく6つのメソッドに分かれそうです。

ひとつ目は、相手の話に頻出するキーワードです。

レベル2でもキーワードに着目しましたが、レベル3でのキーワードの意味は少し違います。

じっと相手の話を聞いているときに、似ている単語がよく出てくるな、と感じたことはありませんか？

たとえば、「稼ぐ」とか「豊かさ」といった言葉がたくさん出てくるなら、その人は、豊かさやお金に対して、強い関心を持っている可能性が高いでしょう。

しかし重要なのは、先ほど書いたように、本人がそのことに気付いていないことが多い点です。心の根底にある強い興味や偏りは、なかなか自覚しづらいものだからです。

さらに、もうひとつの大切な点は、出てきたキーワードは、定義がとても多様なことです。

今の例なら「豊かさ」とは一体何でしょうか？　お金があればそれでいいのでしょうか？　それとも、精神的な豊かさ？

『プロフェッショナル 仕事の流儀』ではありませんが、「あなたにとっての『豊かさ』とは？」と問いかけると、相手は自分のこだわりを発見し、より深い話をし始めるかもしれません。

まとめ

似たようなキーワードが頻出する場合、話し手はその言葉で表されるものに強いこだわりや関心を持っています。しかし、自覚がない場合もしばしば。そこに問いかけてください。

心の奥底に迫る問い② 過去と未来への問いかけ

過去や未来についての問いかけも、話している本人が気づいていない事実を明らかにできます。

趣味のランニングについて話しているなら、「なぜランニングを始めたのですか？」などと問いかければ、「ダイエットのため」「体力をつけようと思って」といった答えが返ってくるでしょう。

最初は表面的な答えかもしれませんが、「なぜ体力をつけようと思ったのですか？」などとさらに掘り下げると、本人も気付いていなかった、ランニングを始めた本当の理由が見つかるかもしれません。

あるいは、仮定の過去について問うのもいいでしょう。

「もし今の状態で5年前に戻れるとしたら何をしますか？」

「もう一度就職活動をするなら、今の仕事を選びますか？」

こういった問いは、新鮮な視点を与えてくれます。

逆に、未来に向けて問いかける手もあります。

「10年後は、今の会社でどういう仕事をしていそうですか？」などと問いかけると、よほど未来図を描くことが好きな人以外は、少し考え込むに違いありません。

そう、相手が沈黙し、考えるということは、より深い話が始まる兆候でしたね。

過去への問いかけと未来への問いかけの両方に共通していることは、話し手に新しい視点を提供することで、話しているテーマを別の角度から見つめられる手助けをしている点です。

人はみな、どんなテーマに対しても、「今・ここ」の視点から語ります。

そこで、聞き手であるあなたが「今」ではない場所からの視点をプレゼントでき

れば、話し手はより深い発見をすることができます。

まとめ

過去や未来への問いかけは、話し手に新しい視点を与えます。すると、新しい発見があり、そこから新たな話が展開します。

心の奥底に迫る問い③　前提条件を変えてみる

新しい視点を提供する問いは、時間軸をずらすことだけではありません。
話し手が前提としているさまざまな条件を変えてみると、「思考実験」のように、新しい答えが見つかることがあります。

仕事についての話なら、社内外での職業や役職といったポジションを変えてみるといいでしょう。

「もし今の職業に就いていなかったら？」「上司の立場だったらどう思う？」など
など。全く違った視点から見ることができます。
お金の話題もよく出ますが、前提とする金額を大きく変えることで、また違った結論に至ることもあります。
たとえば、「予算が1億円でも、今と同じものを買う？」とか、「もし年収が半分だったら、今頃どうしていたかな」といった感じです。

話し手の頭の中にはたくさんの前提条件がありますが、聞き手であるあなたが、問いかけによって、前提条件を変えた視点を提供するのです。

まとめ
話し手が前提としている条件を変える問いを立てると、話し手に新しい視点を与えられます。

人は自分の本心を隠す

視点を変えても、現実が変わるわけではありません。予算が100倍あると仮定して思考を進めても、お金は1円も増えません。

ですが重要なのは、視点を大きく変えることで、自分自身の無意識の思い込みや偏見に気付くことができる点です。

家を借りた経験がある人はわかるかもしれませんが、不動産仲介業の人は、予算通りの物件だけではなく、予算を少し超えた物件を出してくれることがあります。そして実際にその部屋に行ってみて、そこでの暮らしをイメージすると、「あ、自分は本当は眺めがいい部屋に住みたかったんだ」などと心の奥底にある欲求に気付くことがよくあります。

なぜ前提条件を変えると自分の本心に気付けるのかというと、人は、置かれた立

場に応じて、自分の本当の気持ちを抑え込むからです。

今の家の例なら、この人は、本当は、少し家賃が高くても眺めがいい部屋に住みたかったのです。でも、予算という前提条件がある手前、その本心を押し隠していたのでしょう。

誰から隠したのかというと、自分自身からです。**人は自分自身を騙す生き物なのです。**

しかし、前提条件を崩して実際に予算オーバーの部屋に行ってみた結果、隠していた本心を見つけることができた。

このようなケースは、いろいろな場面で起こります。

夫だから、妻だから、上司だから、40歳だから、予算があるから、もう手遅れだから、など、人はいろいろな前提条件に従い、無意識のうちに自分を騙します。

そういった条件は、たしかに簡単には変えられません。

でも、それはそれでいいのです。前提条件を変えることが目的ではありません。先ほどの例なら、実際に予算オーバーの部屋に住めなくても、自分が家に求める条件に気付けたことのほうが、はるかに大事です。次の引っ越しに備えて貯金を始めるとか、やれることはいくらでもあるからです。

大切なのは、自分の本心に気付いてもらうことです。

そして、その発見を相手に与えられるのがレベル3の問いです。

まとめ

人は本心を自分で隠すことがあります。でも、前提となっている条件を変えると、その本心が姿を現します。

心の奥底に迫る問い④　他の条件と比較してみる

以上の話を踏まえて、新しい発見を得られる問いをもうひとつご紹介します。

それは、本人が前提だと思い込んでいる条件を、他の条件と比較してみることです。

やはり賃貸の例を取り上げると、普通、人が賃貸物件に求める要素はいくつかありますよね。駅からの距離、築年数、広さなどです。

「キッチンは絶対に対面式」といった思い込みは、そういったほかの条件と比べてみることで、相対的な「重さ」を測ることができます。

たとえば「駅から10分かかるけれど対面式」という物件と「駅から3分だけれど対面式じゃない」という物件があったと仮定して、どちらがいいか質問してみましょう。

すると、答えがどうであれ、駅からの距離をいわば物差しのようにして、キッチンについての思い込みの「重さ」を、本人が自覚できます。

「駅から10分もかかるなら対面式じゃなくていいや」という結論になるなら、対面式へのこだわりは、意外と強くないことがわかります。逆に、「駅からどれだけ遠くても対面式がいい」ということなら、こだわりはとても強いことがわかります。

オモリをひとつ手に取るだけでは、それが重いか軽いかはよくわかりません。「重いんだ」と思い込めば重いことになりますし、「軽いぞ」と思い込めば、軽い気もしてくるでしょう。

しかし、別のオモリを用意して、てんびんにかければ、どの程度重たいのか（軽いのか）が客観的にわかります。

このように、比較対象があれば客観的な視点が手に入るのです。

たしかに対面式のキッチンは素敵ですが、なぜ対面式でなければいけないのでしょうか。その理由をはっきりと整理し、自覚している人はあまり多くないはずです。

なんとなくスタイリッシュだから？

そうかもしれません。でも、もしかすると、家族の顔を見ながら料理したいからだとぼんやりと感じていて、しかもそのことを自覚していないかもしれません。

もし理由が後者だった場合、対面式でなくても、見晴らしが良くて家族が見えやすいキッチンならばOKということになります。選べる物件の選択肢が増えるということですね。


このような発見は、ひとりで得ることは難しいのです。会話によって気付くしかありません。


人が他人に相談をするのはその発見を得るためでもあるからです。

本書のテーマである「聞く」ことがとても大事なのは、人は、自力で本心に気付くことが難しいからです。

よく、「自分は……でなければいけない」という強い信念を持っている人を見かけます。信念を持つことは別に悪いことではありませんが、それは本当に信念でしょうか。

もしかして、信念ではなく、思い込みではありませんか？

まとめ

自分ひとりで、隠れた本心に気付くことはなかなかできません。人と話すことが一番効果的です。

心の奥底に迫る問い⑤　テーマを細分化していく

相手が話しているテーマを、問いによってどんどん細分化していくことで発見が与えられることも少なくありません。

普通、ある物事は複数の要素から成り立っています。

「対面式キッチン」なら、料理のしやすさ、家族の顔が見えること、スタイリッシュさなどが内容でしょうか。

「大企業」なら、高い収入、安定性、世間的な評価の高さなどが構成要素になるはずです。

ところが、話し手がこのように物事を細分化して語ることはまずありません。「転職するならやっぱり大企業がいいんだよね」と話している人がいたとして、よい理由は収入なのか、安定性なのか、はたまた世間の評価なのか、本人は意識していないことがしばしばです。

そこで、「大企業のどういった点がいいのだろう？」と問いかければ、話し手の発見に繋がります。

まとめ

話題になっているテーマを細分化する問いを発すると、相手は意外な発見が得られます。

心の奥底に迫る問い⑥　「なぜ」を繰り返す

レベル3の問いの最後のメソッドが、「なぜ」を繰り返し、話題を深堀りしていくことです。

繰り返し問いをぶつけることで、話し手も考えを深めることができます。

もちろん、単に「なぜ」「どうして」と繰り返すだけではなく、ここまでお伝えしてきたように、頻出するキーワードを追いかけながら（①）、時間軸や前提条件を変えたり（②③）、前提となる条件を他の条件と比べたり（④）、テーマを細分化したりしながら（⑤）、繰り返し、繰り返し問うということです。

もちろん、ぼくが解説しているのは「話を聞く」手法であって尋問ではありませんから、あくまで相手が主役です。

あなたは、適切なタイミングでたまに問いを発しながら、相手の話をよく聞きましょう。その際には、沈黙を大切にし、非言語情報を見落とさないことも忘れないでください。こうした雑談ができれば、相手からの信頼度がグッと上がり、関係性も良くなることは確実です。

ただし、ここまで説明したレベル3の聞く技術は、極めて高度です。プロのコーチがやっていることと大差ないでしょう。ですから、うまくいかないのは当然です。また、レベル1と2の段階をクリアしていることが前提になっている点にも注意してください。初対面の人にいきなりレベル3で解説したような突っ込んだ問いをしたら、そもそも信頼関係が築けずに終わるでしょう。

レベル1や2の時点で相手を観察して「この人はあまり話したくなさそうだな」と感じたら、そもそもレベル3の問いにまで移るべきではありません。レベル3の雑談は、誰とでもできるわけではないのです。

当然のことですが、人と人とには相性があります。また、同じ人でも、体調や気分には波があります。そのあたりを見極める能力も、レベル3では求められるということです。

まとめ

レベル3は極めて高度です。レベル1，2をクリアしてから取り組んでください。

解決したくない問いもある

最後に重要なことをひとつ、お伝えさせてください。

この本でぼくが紹介したいのは「聞き上手になる方法」であって、「悩みや問題を解決する」方法ではない点です。

悩みを持っている人が、全員、悩みを解決してほしいわけではありません。むしろ、悩んでいたい人、答えを出したくない人も少なくありません。

「買い物は悩んでいるときが一番楽しい」という言葉を聞いたことがありませんか？　とりとめなく悩み事について話すことには、一種の心地良さがあります。

そんな人を相手に問題解決につながる問いをしても、むしろ迷惑でしょう。

ですから、話が問題の解決策の方に向かってくると、ぼくはよく相手に「このまま続けますか？」と確認します。

プロによるコーチングでは、問題解決が目標になることが多いのですが、ぼくがこの本で伝えたい「聞く力」では、問題解決が目標ではないからです。相手が何を求めているのかを、感じてみてください。

まとめ

すべての人が、悩みを解決してもらいたいと思っているわけではありません。

悩んでいたい人も多くいます。

Part 6

自分の心の声を聞く

自分への問いかけの大切さ

ここまで、会話上手になるための方法を紹介してきました。

ところで、ぼくが途中で何度か、自分への問いかけの大切さについて触れたことにお気付きでしょうか。

たとえば、Part4では、相手に何を聞くべきかを自分自身に問うことで、相手への問いを作ると書きました。

また、Part5では、人は自分自身の心を知らないとも書きました。人は思い込みや偏見によって自分自身を騙し、自らの本心を見て見ぬふりをすることがあるのです。

実は、この本で解説してきた「人の話を聞く」という行為は、自分自身に問いかけて、本心を明らかにすることとよく似ています。

それは、人は自分の心を把握していないからです。

人の話を聞くことと、自分の心の声を聞くこととの違いは、問いの対象だけ。他人に問いかけることと、自分に問いかけることは一緒です。

この本を読んでくれているような内向的な人たちは、思慮深く、ひとりで考え事をすることも多いでしょう。

しかし、人と話すことやコミュニケーションが苦手ということは、自分自身の心の声を聞くことが苦手だということでもあります。

自分との対話が上手くいかないと、不安や恐れといったネガティブな気持ちが出てきてしまいます。

ですから、このパートでは、自分への問いかけについて解説します。自分への問いかけが上手になることは、会話上手になるために欠かせないことだからです。

まとめ

人の話を聞くことと、自分の心の声を聞くことは、一緒なのです。自分自身の心を知ることは、他人を知ることと同じくらい大切なことを忘れないでください。

問いは自由に立てられる

あまりに当たり前のようですが、実はとても重要なことをひとつ、お伝えします。それは、問いは、あなたが自由に立てられる、ということです。

Ｐａｒｔ４まで解説してきたように、問いの立て方によって、相手の話や考えをある程度、変えることができます。ネガティブな問いをすれば話はネガティブな方に傾きますし、その逆もしかりでしょう。

自分との対話でも同じことが言えます。**自分自身に対してどういう問いをするかで、あなた自身の気分や考えは変わります。**自分に対してネガティブな問いをすれば、あなたの心はネガティブな答えを探しますから、ネガティブな結論が出るでしょう。

人は、意識的にせよ、無意識的にせよ、自分自身と対話することで気分や考えを作り上げています。そして、他人との対話が上手な人とそうでない人がいるように、自分との対話にもうまい・下手があります。

自分に対して聞き上手になれない人の心には、不満が溜まっていきます。

問いは、自分をコントロールするためにも使えるのです。問いは武器です。

まとめ

問いを変えることで、他人や自分の心を変えていくことができます。

不安はどうして生じるのか？

不安や恐れ、怒りといったネガティブな感情が生じるときは、決まって、自分で自分自身の気持ちを客観視できていないときです。

極端に言うと、不安な人は、自分が不安であることに気付いていないのです。恐れや怒りについても同じです。

作家の芥川龍之介の遺書に「ぼんやりした不安」という有名な言葉がありますが、「はっきりした不安」という言葉を聞くことがあまりないのも、人は自分の不安をはっきりと把握していないからです。

暗闇が怖いのは、そこに何があるのか、誰がいるのかはっきりしないからですよね。でも、そこをライトアップすれば何があるのかがはっきりし、不安はなくなります。

自分の心を客観的に見てライトアップし、不安をはっきりさせることができれば、それは不安ではなくなります。

たとえば、仕事の将来に不安がある人は少なくないと思います。でも、その不安の中身はなんでしょうか？

安定性？　収入？　人間関係？　いろいろ考えられますよね。

それらを細分化して点検していけば、不安の正体がはっきりします。

不安の正体がもし人間関係ならば、次の部署異動まで我慢するとか、それでも改善しなければ転職を検討するとか、具体的な行動が決まるでしょう。

身近な不安も同じです。

ぼんやりと来週の会議が不安だった場合、その不安ははっきりしていないはずです。でも、リサーチが足りていないとか、プレゼンの練習ができていないとか、不安の原因が明確であれば、対策は立てられます。

不安が、単なるＴＯ ＤＯに変わるわけです。これが、不安が不安ではなくなる

ということです。

しかし、不安の内容をクリアにする作業をひとりでこなすのは簡単ではありません。自分の心を客観視することは難しいからです。

だから、ここまで解説してきた他人との対話のように、自分の心と向き合い、その声を聞く必要があるのです。

まとめ

不安が生まれるのは、不安の正体を自覚しておらず、あいまいだからです。自分との対話で不安の正体をはっきりさせれば、不安は不安でなくなります。

問いによって感情と行動を変える

不安に限らず、自分の感情は問いによって変えることができます。

まずは、自分にこう聞いてみてください。

「今の感情を変えたい？　それとも変えたくない？」。

その答えが「変えたい」ならば、次の問いに進みます。自分の感情を変えるまでの問いは次の3ステップです。それは、

①今、自分は具体的にどういう気持ち？

②その気持ちをどんな気持ちに変えたい？

③そのためにはどうすればいい？

です。自分を客観視して分析し、具体的な対策を立てるという流れです。

感情ではなく、行動を問いによって変えることもできます。

その場合も手続きは同じです。すなわち、

①具体的に、どういう行動が問題？
②どんな行動に変えたい？
③そのためにはどうすればいい？

という流れです。

たとえば、仕事のかたわらに英語の勉強をしたいけれど、どうしても続かなくて困っているとしましょう。その場合、「なんとなく続かない」で終わらせず、まず、具体的にどんな行動が問題なのかを問います。

すると、「帰宅後は疲れているから勉強をする気が起きない」などと問題である行動が見えてくるはずです。

感情や行動を変えるための自分への問い

❶ 自分のどういう感情や行動が問題？

↓

❷ ①をどんな感情や行動に変えたい？

↓

❸ そのためにはどうすればいい？

次に、それをどのような行動に変えたいかを問うと、朝は忙しいし、週末は休みたいから、勉強の時間はやはり平日夜しかないという結論になったとします（②）。

ならば、帰宅するとやる気が出ないわけですから、終業後にカフェに立ち寄って1時間だけ勉強する、といった具体的な行動に行きつきます（③）。

感情を変えるのも、行動を変えるのも、自分に問いかけることで自分自身を客観視し、問題をクリアにする過程と言ってもいいでしょう。

まとめ

自分との対話で自分自身を客観視すれば、感情も行動も変えられます。

気持ちを吐き出すだけで楽になる

自分に問いかけるという方法は、「感情や行動を変えたい」という目標がはっきりしている点で、コーチングに似ています。

ただ、自分との対話がすべてコーチング的だというわけではありません。もっとシンプルに、悩みや心のモヤモヤを吐き出して楽になることもできます。

Ｐａｒｔ２で、「黙って話を聞いてくれる人の存在はそれだけで貴重」と書いたことを覚えていますか？

コーチのように具体的なアドバイスができなくても、笑顔でうなずきながら話を聞いてもらえるだけで、とても大きな価値があるという話でした。

なぜなら、人は心の中を吐き出すと、それだけで気持ちが楽になるからです。

「悩みを話したことでスッキリした」という経験はありませんか？

悩みそのものは別に解決していないのですが、話すことに意味があるということです。

ならば、悩みや不安を持っている人は、自分自身にそれらを吐き出して楽になりましょう。聞き手としての自分は、それをうなずきながら聞くだけでいいのです。

具体的にどうするかというと、ノートに書き出してください。

悩みや不安を脳から物理的に追い出すことによって、それらを客観視できるようになります。

頭の中で考えているだけではダメなのです。堂々巡りになるだけです。

頭の中にあるものを紙に書き出すのは、会話上手レベル1のやり方を、自分自身に応用したものです。

他人との対話と自分との対話は同じです。自分との対話でも、レベル1の次には、レベル2と3があるということです。

まとめ
人に悩みを話すと楽になるように、頭の中の悩みを紙に書き出すだけでも、気持ちはかなり楽になります。

自分で自分を理解する

自分の心の話を聞く過程のレベル2では、Ｐａｒｔ４で人の話のキーワードから質問を作ったように、気になるキーワードに注目して自分に向けた問いを立て、自分の心の理解を深めていきます。

会話上手になるためのレベル2と3の大きな違いは、問いの答えを相手が知っているかどうかでした。

ということは、自分への問いのレベル2も、答えがはっきりしている質問でOKです。自分のキャリアについて不安があるなら、今の収入や働いた期間、持っているスキルなど、はっきりした答えがある問いを繰り返します。

すると、モヤモヤしていた悩みや考えが、だんだん整理されてクリアになっていくはずです。

そしていよいよレベル3です。

自分でも理解していないことに気付くための問いを用意するのがレベル3ですが、レベル3の問いを自分で用意して自分に投げかけるのは、極めて難しいと言わざるを得ません。

だからこそ他人と話すことには価値があるのですが、生身の人間との対話でなくても、映画や本を通して「他人」の考えに触れることで、近い発見を得ることはで

きるかもしれません。

しかしその場合でも、自分で自分に問う習慣がなければ、発見を得るチャンスは逃してしまうでしょう。

悩んだり不安になっている自分と、その自分を客観的に見つめて問いを立てるもうひとりの自分。そういう視点を持つことは簡単ではありませんが、意識してトレーニングすることで慣れることができます。

ぼくも最初はうまくいきませんでしたが、毎日繰り返すことで慣れてきました。自分へ問うことを習慣化してください。自分の心の声を聞くことは、人の話を聞くこと以上に大切なことですから。

まとめ

自問自答を繰り返すことで、自分の心の状態を客観的にとらえられます。しかし、習慣化して慣れる必要があります。

相手の話を聞く前に自分に聞く

前章まで、話すことが苦手な人に向けて、人の話を聞く技術をお伝えしてきました。

しかし実は、人の話を聞く前に、まず自分への問いを実践してほしいと思っています。相手とどういう関係を築きたいのか、そのゴールイメージをはっきりさせておくためです。

仕事上のパートナーになりたいのか、プライベートで仲良くなりたいのか、自分へのネガティブなイメージを払拭したいのか。人と人との関係性はいくらでも考えられます。

目標とする関係性が違うだけでも、話の内容はずいぶん変わるはずです。**「あの人とどういう関係を築きたいのか？」「どう見られたいのか？」といった問いを自分に向けてみて、イメージをつかんでおいてください。**

ここでのポイントは、やはり、ネガティブな問いを立てないこと。

「嫌われているんじゃないか？」「この間のことについて怒られたらどうする？」といったネガティブな問いは、あなたの気分のみならず、対話そのものをネガティブにしてしまうのは書いた通りです。

さらに付け加えると、相手の話を聞いている最中にも、自分への問いは怠らないでください。

相手の話を聞いている最中に、「つまらなそうにしているな」などとネガティブな気分に襲われることもあるでしょう。

そんな時こそ、自分に問いを立てるときです。

自分はどうしてこんなに緊張しているのだろうか。緊張をほぐすにはどうすればいいのだろうか。

自分への問いで不安をクリアにできれば、そのからくりが理解できますから、対策も立てられます。人によって違うでしょうが、深呼吸をするとか、お茶を飲んでみるとか、色々な具体的な対策があるでしょう。

ぼんやりとしたネガティブな感情を、ぼんやりとさせたままでいるのがもっとも良くないことです。自分への問いでクリアにしましょう。

まとめ

人の話を聞く前にも、聞いている最中にも、自分への問いは忘れないでください。自分への問いは、自分の感情を動かす方法のひとつだからです。

Part 7

静かなものに耳を傾ける

なぜ人の話を聞くのか？

この本もそろそろ終盤ですが、あらためて、みなさんに質問をさせてください。

あなたはなぜ、「質問家」の肩書を持つぼくが解説したコミュニケーションの本を読もうと思ったのでしょうか？

今は効率化が重視される時代です。仕事でもプライベートでも、細かくプランを立て、無駄をそぎ落とし、場合によってはやり取りをオンラインに移してまでスピードアップを図ろうという時代です。

そんな時代に、のんびりと人の話を聞いていていいのですか？

雑談をする余裕などないのではありませんか？

ぼくは、そうではないと思います。

少なくとも、この本を手に取ってくださったみなさんにとっては。

Part1で少し触れましたが、20代のぼくが最初の起業に失敗したのは、人の話を聞かなかったからです。

そのころのぼくは、一緒に仕事をする相手は、仕事の能力だけが高ければそれでいいと思っていました。性格や人格は関係ないと思っていたのです。仕事でも雑談はせず、最低限の業務上の会話だけでした。

ところが、仕事には無関係だと思っていた性格の不一致が徐々に大きなひび割れとなり、最終的には会社を畳むことになったのでした。

結局、仕事仲間であっても、機械ではなくひとりの人間です。

どういう性格のどういう人か、その人の全体を知ることなく一緒に仕事をするのは無謀だったのです。そして、相手を知るためには、相手のとりとめのない話に耳を傾ける必要があったことも痛感しました。

まとめ

人と本当の意味で絆を作るためには、雑談に耳を傾けるのがベストです。その時間は決して無駄ではありません。

長い時間軸で見つめる

起業に失敗したときに強く思ったのは、「ぼくは焦りすぎた」ということでした。生まれつき無駄が嫌いな性格だったこともあり、ぼくは効率化に走りすぎて失敗したのでした。

「焦る」というのは、近視眼的になることです。電車の時間に遅れそうで焦る、会議で上司の質問に上手く答えられずに焦る……いずれも、「いま・ここ」に意識が集中していますよね。

もちろん、遅刻しないことも会議を乗り切ることも大事ですが、忘れてはいけないことは、人生はとても長いということです。**ぼくは、人生を左右するような大きな出来事においては、焦らないほうが良いような気がしてきました。**

それは、「いま・ここ」にとらわれず、もう少し長く、広い目で物事を見るということです。

２００４年にぼくは魔法の質問のメールマガジンを始めたのですが、そこでやってみたのが、色々な人をメールマガジンの読者に紹介することでした。

その時点でぼくのメールマガジンには数千人の読者がいたのですが、それだけの人に他者の情報を届ける場合は、広告費としてお金をいただくことが一般的でした。一種のＰＲです。

しかしぼくは、あえて無償でやってみました。

短期的にはお金をもらった方がいいに決まっていますが、もうちょっと長い時間軸で見ると、また違った将来がある気がしていたからです。

その答え合わせは、2年後にやってきました。

ぼくは初めての本を出すことになったのですが、それまでメールマガジンで無償で紹介してきた人たちが、みな、ぼくの本を紹介してくれたのです。そのおかげで、本はとてもたくさんの人たちに読んでもらえました。

メールマガジンを始めた頃は、まさか自分が本を出すとは思いもしませんでした。それに、無償で紹介をすれば将来何かしらのリターンがあるだろうと計画していたわけでもありません。

それでも無償のメールマガジンを続けていたのは、短期的な視点ではなく、長期的に物事を見よう、と決めていたからでした。その結果が本のヒットです。

つまり、長期的に物事を眺めた方がいいのは、人生はとても長く、予想不可能だからではないでしょうか。

ぼくの場合は「本を出す」という予想外のイベントがあったわけですが、みなさんの人生も、年単位、10年単位で見れば、予想不可能な出来事の連続のはずです。

細かくプランを立てて無駄をそぎ落とすやり方は、確かに効率的ではありますが、予測可能なものにしか通用しません。**人生のように予測不可能なものだと、何が無駄で何が無駄でないかが分からないからです。**

現に、短期的には無償労働であったはずの僕のメールマガジンは、長期的（といってもわずか2年後ですが）には無駄ではありませんでした。

予測可能なことにだけ力を入れて、他のことを切り捨てていたら、人生は貧しいものになってしまいます。

まとめ

長い目で物事を見ると、無駄なものとそうでないものとの区別はあいまいになります。そして、人生は長いのです。

「話を聞く」のは無駄なのか？

この本で解説してきた「話を聞く」ことも、短期的に見れば無駄かもしれません。

必要な用件だけを自分から話して、さっさと切り上げたほうが効率的だからです。

それに、聞くことに徹しているとわかるのですが、人の話には無駄が多いものです。あっちに行き、こっちに行きと、テーマはころころと移り変わります。テーマを決めない会話のことを雑談と呼ぶわけですが、人の話はとりとめがなく、本質的に雑談なのです。

それでもぼくが人の話を聞くのは、生まれつき話下手であることもありますが、短期的な視点ではなく、長い目で物事を見るようにしているからでもあります。

人と雑談をしていると、その人の人格がよく見えてくるだけでなく、思いもよらぬ情報があります。相手との絆も深まるでしょう。いろいろなことが起こるのです。

そういった情報が直ちに役立つことは、たぶん、ありません。

でも、長期的に見ると違います。

ぼくは、雑談によって仲良くなった世界中の友人たちに、どれだけ助けてもらったかわかりません。仕事もたくさんもらいましたし、日々を楽しませてもらっています。

まとめ

話を聞く行為も、短期的には無駄と思う人もいるでしょう。でも、長期的に見ると、いろいろな可能性につながります。

コストパフォーマンスばかりを追いかけない

短期的な視点だけで物事を判断することのデメリットは、休日やプライベートにも現れています。

Ｐａｒｔ１で、ぼくが初めてのクルーズ旅行に行ったときに、「もったいないから」という理由で船内のアミューズメント施設を１日中巡っていたと書きました。読者のみなさんの中にも、海外旅行などに行ったときに「せっかく来たのだから」と、朝から晩まで予定を詰め込む人がいるかもしれません。

ぼくがそうしたのは、せっかくお金を払ってクルーズ船に乗ったのだから、サービスは楽しみ尽くさないともったいないと感じたからでした。せわしない海外旅行をする人も、同じような発想だと思います。

つまり、コストパフォーマンスを重視する考え方です。旅行に限らず、今の社会はあちこちでコストパフォーマンスを追求するようになっています。

コストパフォーマンスは大切ですが、コストパフォーマンスを追求するあまり、クルーズや旅行を楽しめなくなってしまっては本末転倒です。

初めてクルーズ船に乗ったぼくがコストパフォーマンスにとらわれてしまったの

は、「同じ機会はもうないかもしれない。あるとしても、ずっと先だろう」と思い込んでいたからです。

では、前提を変えてみましょう。来年もまたクルーズ旅行をするとしたら、必死で船内を巡りますか？

たぶん、そんなことはしないでしょう。せっかくの休暇なんですから、のんびり過ごしたい人のほうが多いのではないでしょうか。どうせ来年もまたクルーズ船に乗れるのだから……と。

そう、コストパフォーマンスにとらわれてしまうのは、「2度とない機会だから」と思い込むからなのです。そして、それも、短期的な視点で物事を眺めているからではないでしょうか。

でも、長期的に見ると、もう少し気楽に構えられるはずです。

人生は長いのですから、生きていればそのうちまた、クルーズ船に乗れる機会だってあるでしょう。海外旅行も、また行けます。大きな買い物をするときもコストパフォーマンスばかり重視されますが、「また買えるさ」と思えば、肩の力を抜いて選べるはずです。

まとめ

コストパフォーマンスばかりが重視されるのも、短期的な視点で物事を見ているからです。長期的な視点で見れば、もう少し気楽になれます。

ゴールだけを決めておく

今、ぼくはスペインのとあるカフェでこの本を書いているのですが、すぐそばに、サグラダ・ファミリアという有名な教会があります。これは19世紀、日本が江戸時代だったころに生まれたアントニオ・ガウディという建築家の作品なのですが、驚くべきことに、まだ建設途中なのです。

着工は1882年ですから、実に140年以上も作り続けていることになります。「長期的に見ると」どころではありません。スピードと効率を重視する観点からは、論外としか言いようがない建物です。

しかし、サグラダ・ファミリアは世界を代表する芸術作品になりました。焦らないことの大切さを体現しているような作品です。

サグラダ・ファミリア建築の長い期間にもいろいろな経緯があったようですが、ひとつだけ変わっていないことがあります。

それは、「サグラダ・ファミリアを完成させること」というゴールです。そのゴールに向かって、実に長い時間をかけて歩んでいるというわけです。途中では、無駄なことや失敗、回り道もたくさんあったことでしょう。

ぼくはそのサグラダ・ファミリアまで散歩をしてみたのですが、前も書いたように、ぼくの海外出張には仕事をひとつしか入れないので時間に余裕があります。最短ルートではなく、ふらふらと回り道をしながら歩くことにしました。

すると、素晴らしいカフェに巡り合うことができました。それが今、ぼくがいるカフェです。

もしサグラダ・ファミリアに直行していたらこのカフェには出会えなかったでしょう。

長くなりましたが、ぼくは、人の話を聞くことは散歩に似ていると思います。道筋がないと迷子になってしまいますが、「サグラダ・ファミリアに行こう」というゴールだけ決めておけば、寄り道はむしろ人生を豊かにしてくれます。

話を聞くことも同じで、大まかなゴールだけを決めておいて、あとは雑談を楽しんでください。

雑談は、会話における寄り道です。そこにはぼくがいるカフェのような豊かな発見がたくさんあるはずです。

ゴールは厳密に決める必要はありません。たぶん、多くの人は「話し相手と仲良くなりたい」くらいではないでしょうか。

それで充分です。サグラダ・ファミリアの建築計画だって、何度も変更されてきたのですから。ガウディも、自分の死後１００年近く経ってもまだ建築中であることを知ったら驚くでしょう。

人生は予想が難しいのです。雑談も同じです。

まとめ

ゴールだけを大まかに決めて、あとは散歩を楽しむように話を聞きましょう。寄り道こそが雑談の楽しさだからです。

「余裕」を埋めない

細かいプランを立てて進捗を管理したがるのも、効率化やスピードが求められるのも、社会が、空《くう》のスペースである「余裕」を、無駄と見なして埋めたがっているからです。

そして、余裕を埋めるために細かいプランを立てて、その通りに進んでいるか厳しくチェックするのですが、それはやりすぎではないでしょうか。かえって創造力をそいでいるのではないでしょうか。

本来は豊かさを実現するための手段だったはずの効率化が、いつのまにか目的になってしまい、余裕そのものを埋め始めているように見えます。

可視化や効率化は、短期的・局所的には効果的ですが、長い目で見るとそうではありません。少なくとも、効率化やスピードアップを徹底していたら、サグラダ・

ファミリアは今のような偉大な芸術にはなっていなかったでしょう。

今は、なんでも数値やデータにして可視化することが求められ、見えないものや存在しないもの、余裕のような「空」は価値が低いものと見なされています。

週末のスケジュールが真っ白だと、埋めなければいけないという気がしていませんか？

なんの予定もなく、家でダラっとしている時間は無駄だと思っていませんか？

しかし、ぼくは「空」は空っぽなのではなく、「『空』が『ある』」ととらえるべきだと考えています。

話を聞くときに、相手の沈黙こそが大事であるという話をしましたよね。相手が問いを繰り返している時間だからです。

一見、無駄な沈黙の時間ですが、実は沈黙ほど雄弁なものはないのです。

見えないものや「空」なものは、とても豊かです。それらを切り捨ててしまうなんて、もったいない！

まとめ

余裕や沈黙などの「空」は、実はとても豊かです。話を聞くときは、見えないものを大切にしてください。

SNS疲れの理由とは？

可視化といえば、オンラインでのコミュニケーション手段であるSNSも、本来は見えなかったプライベートを可視化する仕組みです。

SNSはとても便利です。遠くにいる人とつながることができますし、イベントなどの情報を手に入れることもできます。

でも、使い方によっては人を疲れさせてしまうのもSNSです。特に、内向的な人を。

SNSは「いいね！」の数などによって、人々の考えや嗜好を数値化・可視化しています。そのせいで、「もっと『いいね！』が欲しい！」と、競争に駆り立てられてしまう人も少なくありません。

そうでなくても、他人の生活が見えるようになると、自分の生活と比較してしまいがちですから、そこでも競争が生まれます。

競争によってモチベーションが生まれるタイプの人ならいいでしょう。でも、そうではないタイプの人は、SNSに疲れてしまう恐れがあります。そして、ぼくもそうですが、内向的な人にはそういうタイプが多いのではないでしょうか。

ぼくにとってのSNSは、「人とつながれるツール」であって、それ以上のものではありません。つながることがゴールですから、人と競うつもりはありません。

能動的なコミュニケーションだけが正解とされるのも、可視化や効率化が重視されるのも、人々が競争に駆り立てられるのも、すべて根底ではつながっているのではないでしょうか。

競争に勝ち抜くためには能動的でなければいけませんし、すべてを可視化して無駄を減らさなければ負けてしまいます。コストパフォーマンスが第一になりますし、感情や気分といった見えにくいものは価値が認められなくなるでしょう。

でも、そういうやり方が合わない人もいますよね。だからぼくは、この本で「人の話を聞く」という、時代に逆行するようなコミュニケーションのスタイルをお勧めしました。

まとめ

便利なSNSも、人との競争のツールになると疲れてしまうかもしれません。使い方には要注意です。

同じ会話は2度とない

話を聞くという行為は、話題の寄り道を楽しみながら、沈黙や気持ちの揺れ動きも含めて、複雑な情報を受け取るということです。話し手の体調や気分、会う理由などにも影響されるでしょう。

だから、同じ会話は2度とないのです。

仮に、同じ人同士が同じ場所で、同じテーマについて話をしたとしても、同じ会話にはまったくなりません。気分も文脈も変わっているからです。

話を聞くことは、生演奏のライブを聞くことに似ています。同じ曲でも演奏によってまったく違いますし、録音したものを聞いても、ライブ会場の熱気や興奮といった、可視化しづらいものを再現できません。

でも、だからこそ生演奏には価値があるのです。同じ演奏は2度とないからです。

人の話を聞くことも同じ。感情や空気感といったとらえどころのないものにこそ価値があります。そして、一度きりだからこそ尊いのも、生演奏と同じです。

人の話を聞くという行為も、人生も一度きりです。

せっかくですから、耳を澄ませて、一度きりの話に耳を傾けてください。

誰でも使えるテーマ別質問リスト

相手に質問をしなければならない「レベル2」やその他のシーンで質問が浮かばなくて困る……という人のために、会話で頻出する12のテーマに分けた便利な質問リストを用意しました。事前のイメージトレーニングや準備に活用してください。

まず、はじめに

❶ ここに来たきっかけは何ですか？
❷ 最近うまくいっている事は何ですか？
❸ どんな質問をしてみたいですか？

キャリアについて

❶ 今までで一番楽しかった仕事は何ですか？
❷ ご自分を一言で表現すると何になりますか？
❸ 将来、どんな力を身に付けたいですか？
❹ 今の仕事をするきっかけは何でしたか？
❺ どんな習い事をしましたか？

健康や美容のこと

❶ 健康でいる秘訣は何ですか？
❷ 美しさの秘訣は何だと思いますか？
❸ 若さの秘訣は何ですか？
❹ どんなものを身にまといたいですか？
❺ どんな人が美しい人だと思いますか？

人との交流

❶ あの人の良いところはどこですか？
❷ あの人と一緒に何が出来ますか？
❸ あなたとあの人との共通点は何がありますか？
❹ 今まで人に喜んでもらった事は何ですか？
❺ 友達をつくるコツは何ですか？

お金について

❶ 好きなだけお金を使えるとしたら、何に使いますか？
❷ お金よりも大事なものは何ですか？
❸ 今一番欲しいものは何ですか？
❹ どんな旅行をしてみたいですか？
❺ １００万円あったら何をしますか？

恋愛のこと

❶ 愛とお金、どちらが大切ですか？
❷ 今までどんな恋をしてきましたか？
❸ どんなパートナーが理想ですか？
❹ どんなカップルが理想ですか？
❺ どんな瞬間に恋に落ちますか？

人生について

❶ 誰にも言えない事には何がありますか？

❷ どんな時に幸せを感じますか？

❸ 自分を満たすために何をしたいですか？

❹ これが解決できたら幸せ！　と言えることには何がありますか？

❺ １００歳の時にどうなっていたら最高ですか？

貢献すること

❶ どんな社会貢献をしてみたいですか？

❷ 誰にどんな感謝を伝えたいですか？

❸ 今の世の中にはどんな課題があると思いますか？

❹ どんなサプライズをされたいですか？

❺ 地球の為にできる事は何ですか？

家族について

❶ 家族で大事にしていることは何ですか？
❷ 休みの日には家族で何をしたいですか？
❸ 子供の頃の一番の思い出は何ですか？
❹ どんなお家が理想ですか？
❺ 家族で一緒にどんな楽しい事をしたいですか？

遊びのこと

❶ 今までで一番美味しかったものは何ですか？
❷ 一番お金がかかった遊びは何ですか？
❸ 無人島に3つだけ持っていくとしたら何ですか？
❹ 何でも出来るとしたら何をしたいですか？
❺ 人生最後の食事は何を食べたいですか？

夢について

❶ 10年後の理想の姿はどんなもの？
❷ どんなパートナーがいると前に進みますか？
❸ どんな世の中になるといいと思いますか？
❹ やりたいことをやらない理由は何ですか？
❺ どんな夢がありますか？

会話の終わりに

❶ 今日はどんな時間でしたか？

おわりに

コミュニケーションに苦手意識を持っていたあなたも、この本を読むことで、気が楽になったでしょうか。自信がついたでしょうか。

ぼくがこの本でお伝えしたかったことを一言でまとめると、「あなたはそのままで大丈夫」ということです。変わらなくていいのです。

世の中には「変わる」ことを前面に押し出した宣伝文句があふれています。もちろん、変わりたい人は変わればいいでしょう。でも、今のままがいいという人だっているはずです。

無理に変わる必要はありません。少しだけコミュニケーションの方法を変えて、話を聞くことを大切にすれば、あなたの強みはそのままに、人と接することが上手になるはずです。

問いを立ててじっくりと話を聞くスタイルは、自分との対話でも有効です。自分の心の奥底に潜む本音を聞き取ることができれば、生きることも楽になるでしょう。多くの人も、あなたの心も、真摯に話を聞いてくれる相手を求めているのです。

マツダミヒロ

『「聞くだけ」でうまくいく』

読者限定無料プレゼント

「聞くだけでうまくいく」
講演動画プレゼント！

本書を通じて、会話上手になる「聞き方」を学んでいただきました。
ただ、書籍では伝えられる限界があります。
そこで、著者が直接、本書のエッセンスをお伝えする【出版講演】にご招待します。

オンラインで、いつでもどこからでも参加できますのでぜひ参加してくださいね。

出版講演のプレゼントは
こちらにアクセスしてください！

https://hs.shitsumon.jp/kikudakebookpre/

※出版講演は直接会場に行って参加するものではなくオンラインでいつでも見られるものです。※また予告なく終了することがありますので、お早めにお申し込みください。※このプレゼント企画はマツダミヒロが実施するものです。プレゼント企画に関するお問い合わせは「staff@mahoq.jp」までお願いいたします。

「聞くだけ」でうまくいく

2023年6月8日　第1刷発行

著　者	マツダミヒロ
発行人	松井謙介
編集人	長崎　有
発行所	株式会社　ワン・パブリッシング 〒110-0005　東京都台東区上野3-24-6
印刷所	日経印刷株式会社
編集長	福田祐一郎

ブックデザイン	山之口正和＋齋藤友貴（OKIKATA）
DTP	アド・クレール
校　正	財部　智
表紙イラスト	ぷーたく
編集協力・構成	佐藤　喬

この本に関する各種お問い合わせ先

本の内容については、下記サイトのお問い合わせフォームよりお願いします。
https://one-publishing.co.jp/contact
不良品（落丁、乱丁）については　Tel 0570-092555
業務センター　〒354-0045　埼玉県入間郡三芳町上富279-1
在庫・注文については書店専用受注センター　Tel 0570-000346

©Mihiro Matsuda 2023 Printed in Japan

本書の無断転載、複製、複写（コピー）、翻訳を禁じます。
本省を代行業者等の第三者に依頼してスキャンやデジタル化することは、たとえ個人や家庭内の利用であっても、著作権法上、認められておりません。

ワン・パブリッシングの書籍・雑誌についての新刊情報・詳細情報は、下記をご覧ください。
https://one-publishing.co.jp/